W0056912

Dieser Reisebegleiter führt nicht nur in Südafrikas schönste Naturparks, sondern nimmt zwischen Johannesburg und Kapstadt, zwischen der Gartenroute und den Weiten des Nordens die Fährten bekannter Literaten und ihrer Werke auf, angeführt von den Nobelpreisträgern Nadine Gordimer und J. M. Coetzee. Für das Spannungsfeld zwischen Geschichte und Gegenwart stehen Nelson Mandela, Desmond Tutu und jüngere südafrikanische Stimmen wie Gcina Mhlophe. Wir folgen Cees Nooteboom, dem »Walrufer« von Zakes Mda und den Lebensstationen des Mahatma Gandhi. Märchen und historische Berichte runden den Reisebegleiter ab.

Andreas Drouve (* 1964) hat über 80 Kultur- und Reisebücher verfaßt, darunter die erfolgreichen it-Reisebegleiter *Der Jakobsweg* (it 3094), *Katalonien* (it 3249) und *Mexiko* (it 3414). Er ist als freier Autor und Reisejournalist tätig.

insel taschenbuch 3480
Südafrika

Wildreservate wie der Addo Elephant Nationalpark sind die Heimat von Dickhäutern, die Begegnungen mit den Tieren Höhepunkte einer Reise durch Südafrika

SÜDAFRIKA

Ein Reisebegleiter
Von Andreas Drouve
Mit farbigen Fotografien des Autors
und einer Landkarte
Insel Verlag

Umschlagabbildung: getty images/Darrell Gulim

insel taschenbuch 3480
Originalausgabe
Erste Auflage 2010
© Insel Verlag Berlin 2010
Umschlag: Michael Hagemann
Satz: Hümmer GmbH, Waldbüttelbrunn
Druck: Druckhaus Nomos, Sinzheim
Printed in Germany
ISBN 978-3-458-35180-1

1 2 3 4 5 6 – 15 14 13 12 11 10

INHALT

VORWORT

In Südafrika, dort, wo sich Atlantik und Indischer Ozean treffen, dort, wo der »Schwarze Kontinent« am Kap Agulhas und am Kap der Guten Hoffnung im Meer versinkt, führt die Reise durch eines der schönsten Länder der Erde. Dort, wo die Heimat der Regenbogennation liegt, ein Vielvölkerstaat mit elf offiziell anerkannten Amtssprachen von A wie Afrikaans bis Z wie Zulu, ein Naturparadies mit über 20 000 Pflanzenarten und den magischen *Big Five* der Wildnis: Löwe, Leopard, Elefant, Büffel und Nashorn. Kaum ein Besucher läßt die Spurensuche nach den »Großen Fünf« aus, ob im weltbekannten Krüger-Nationalpark oder in kleinen, privaten Naturschutzgebieten. Einen Kontrastpunkt setzt Kapstadt, das mit seinen Kulissen zwischen Bergen und Tafelbucht magnetisiert und wie geschaffen scheint für literarische Spannung. Hier spielen Romane, Erzählungen und Thriller wie *Der Atem des Jägers* von Deon Meyer, worin ein Serienkiller von einem alkoholkranken Polizisten gejagt wird, der dabei jedoch den Blick für die Schönheit und frühmorgendliche Stimmung über Kapstadt nicht verliert: »Er spürte die Sanftheit des Frühsommers, hörte die Vögel und die unglaubliche Stille über der Stadt. Farben und Formen und Licht wie aus Kristall. Der Tafelberg ragte über ihm auf, der Gipfel irgendwo zwischen orange und gold, Schrunde und Spalten waren pechschwarze Schatten im Licht der aufgehenden Sonne.«

Nicht nur die Felsen des Tafelbergriesen, auch Südafrikas jüngere Geschichte und Gegenwart werfen Schatten. Die Vergangenheitsbewältigung der Apartheid, die Townships, die Korruption, soziale Mißstände, Armut, Obdachlosigkeit, die Kriminalität in einem Moloch wie Johannes-burg-Soweto, all dies sind Themen, mit denen sich Südafrikas Schriftsteller auseinandersetzen. Ein prägnantes Beispiel bietet J. M. Coetzee mit seinem Psychodrama *Schande*, in dem ein weißer Universitätsprofessor wegen der Affäre mit einer Studentin die Hochschule verlassen muß und vorübergehend zu seiner Tochter Lucy aufs Land zieht. Dort werden Vater und Tochter eines Tages Ziel eines brutalen Überfalls dreier Farbiger, die die Frau vergewaltigen, den Professor schwer verletzen und seinen Wagen stehlen. Bei der Analyse der Ereignisse kommt der Erzählton nüchtern, geradezu lakonisch daher und verstärkt die Dramatik und atmosphärische Dichte:

»Es ist gefährlich, etwas zu besitzen: ein Auto, Schuhe, eine Schachtel Zigaretten. Es reicht nicht für alle, es gibt nicht genug Autos, Schuhe, Zigaretten. Zu viele Menschen, zuwenig Sachen. Was es gibt, muß in Umlauf gebracht werden, damit jeder die Chance hat, einen Tag lang glücklich zu sein. Das ist die Theorie. Nicht menschliche Bosheit, nur ein gewaltiges Umverteilungssystem, für dessen Funktionieren Mitleid und Schrecken keine Rolle spielen. So muß man das Leben in diesem Land sehen – von der schematischen Seite. Autos, Schuhe; auch Frauen. Es muß eine Nische im System geben für Frauen und was mit ihnen geschieht.«

Kein Reise- oder Kulturbuch über Südafrika wäre vollständig ohne einen Rückblick auf die Ära der gesetzlich verankerten Apartheid, ihre Ursprünge, ihre schmerzlichen Auswüchse, ihre Folgen und den ersehnten Bruch der Rassenschranken in den neunziger Jahren. Für Südafrika war dies, mit Nadine Gordimer gesprochen, das große Finale des kolonialistischen Zeitalters, ein großes Schauspiel menschlicher Befreiung aus der »doppelten Kolonialisierung«:

»Denn im Unterschied zu anderen Ländern, in denen Briten, Franzosen, Portugiesen und andere europäische Mächte die eingeborenen Völker beherrschten und in denen die Macht in eingeborene Hände überging, als die Kolonialisten besiegt wurden oder sich zurückzogen, vollzog Südafrika Anfang des zwanzigsten Jahrhunderts den Schritt von einer äußeren Kolonialisierung – durch die Holländer, Franzosen und schließlich Briten – zu einer fortgesetzten inneren Kolonialisierung in Form der weißen Minderheitsherrschaft über die schwarze Mehrheit. Alle Elemente der Kolonialherrschaft wurden aufrechterhalten: Die Besteuerung und die Inbesitznahme des Bodens durch Weiße, so daß die Schwarzen gezwungen waren, als billige Arbeitskräfte in die Stadt zu ziehen, um zu überleben; ein privilegierter Status für die Minderheit in Fragen der bürgerlichen Rechte, der Erziehung, der Bewegungsfreiheit. Vom britischen Imperialismus befreit, war Südafrika weit davon entfernt, frei zu sein; es war ein Polizeistaat, der sich auf die Behauptung stützte, die weiße Haut der Kolonialisten sei der schwarzen Haut überlegen.«

Mittels weiterer Extrakte, darunter von Ex-Staatspräsident Nelson Mandela, Friedensnobelpreisträger Desmond Tutu und dem langjährigen Robben-Island-Häftling Indres Naidoo, wird die Politik der Rassentrennung mit ihren Repressalien und gewaltsamen, menschenverachtenden Dimensionen in diesem Reisebegleiter zur Sprache kommen, zur Sprache kommen müssen. Dabei soll ein gewisses Maß jedoch nicht überschritten werden. Es mag sich von selbst verstehen, daß man vor der Problematik eines traumhaft schönen Landes mit historischen Traumata nicht die Augen verschließt, doch die Relation muß gewahrt bleiben. Eine durchgehende Thematisierung der Apartheid wäre der Vielschichtigkeit Südafrikas, der Harmonie der Landschaften und der Freundlichkeit der Menschen gegenüber nicht gerecht. Es gilt, die Einsicht zum Zusammenhalt zu unterstreichen, wie dies ein Märchen der Tswana, einer im Nordteil des Landes angestammten Volksgruppe, gleichnishaft vor Augen führt:

»Vor langer Zeit einmal wurde ein Dorf von einem kriegerischen Haufen überfallen, der die Leute aus ihren Behausungen vertrieb. Nur ein Krüppel und ein Blinder blieben zwischen den zerstörten Hütten zurück. Die beiden verabredeten, daß der Blinde den Krüppel tragen werde, so daß sie fliehen und ihren Leuten folgen könnten.

Als der Blinde den Krüppel so über Land trug, erblickte der, der sehen konnte, kreisende Geier. Er sagte das dem, der gehen konnte, und sie wandten sich der Stelle zu, über der die Geier kreisen. Dorf fanden sie noch andere Geier um ein totes Tier versammelt.

Als sie alle Geier vertrieben hatten, erhob sich zwischen ihnen ein Streit. Der Krüppel sagte:

›Es waren meine Augen, die das Tier gefunden haben.‹ Der Blinde aber entgegnete: ›Es waren meine Füße, die es fanden.‹ Als ihr Streit immer hitziger wurde und keiner einlenken wollte, kroch der Krüppel von dem Blinden weg. Da rief der Blinde, der weder seinen Kameraden noch das Tier sehen konnte, aus: ›Freund, es ist einleuchtend, daß du die Augen für uns beide hast. Warum wirst du böse? Ich weiß, daß du das Tier gefunden hast!‹ Da kam der Krüppel zurück und leitete den Blinden zu dem Tier.«

Ein Anliegen dieses Reisebegleiters ist es, eigene Betrachtungen und ausgewählte Quellen zu einer literarischen Lan-

Waschen von Straußenfedern auf einer Straußenfarm in Oudtshoorn

deskunde, einer Textcollage zu verdichten. Mythen spielen ebenso hinein wie einheimische Erzähler. Die Literaturnobelpreisträger Nadine Gordimer und J. M. Coetzee stehen selbstverständlich in dieser Reihe, begleitet von jüngeren, unbekannteren Stimmen wie Zakes Mda, Zoë Wicomb, Ivan Vladislavić und Gcina Mhlophe. Auszüge aus historischen Quellen, Lebensberichten, Krimis und Werken international gestandener Literaten wie Rudolf Hagelstange, Tom Sharpe und Cees Nooteboom runden die Auswahl ab.

»Ich komme aus einem wunderschönen Land, das von Gott mit wundervollen natürlichen Ressourcen ausgestattet wurde, unendliche Weiten, Berge, singende Vögel, hell leuchtende Sterne, blauer Himmel, mit Sonnenschein, goldenem Sonnenschein«, sagte Desmond Tutu in seiner Rede zur Verleihung des Friedensnobelpreises. »Die ganze Welt in einem Land« mag man als treffenden Slogan der Reisebranche ergänzen. Da gibt es Weingärten in saftig-grünen Talbecken, die Gartenroute, Wasserfälle, Blütenteppiche im Frühling der Südhalbkugel, reißende Flüsse, Strände, Buchten, Kolonialbauten, Straußenfarmen, Völker wie die Zulu und Xhosa mit ihren unterschiedlichen Traditionen, Gebirge wie die Drakensberge, dazu die Ausläufer der Kalahari. Nun, nicht alles ist schön in Südafrika, ebensowenig wie alles Schwarze schwarz und alles Weiße weiß sein kann. Mit einer Größe von 1,2 Millionen Quadratkilometern, über die sich lediglich 50 Millionen Einwohner verteilen, verlangt das Land nach anderen Maßstäben. Auf langen, gut ausgebauten Überlandstraßen, ob im Südosten zwischen Durban und Pongola oder im Nordwesten um Durchgangsstädtchen wie Upington und Kakamas, definiert sich der Begriff von Weite ganz neu. »Eine Weite, die alles aufsog, was sich in ihr bewegte«, heißt es in einem Krimi von D. B. Blettenberg.

Südafrika, Sonnenland, Sehnsuchtsland, mit allem Für und Wider. Wer einmal auf dem Tafelberg gethront, wer die Naturparks auf der Suche nach den *Big Five* durchstreift und den Menschen der Regenbogennation ins Herz geschaut hat, wird sich der südafrikanischen Dichterin Lindiwe Mabuza (*1938) anschließen, deren Liebeserklärung gleich dem ganzen Erdteil gilt:

>»Ein jeder hat seine Berggipfel
> und hügeligen Landschaften
> geformt vom eigenen Schmied
> gefärbt von eigenen Ozeanen
> in den Farben ihres Rauschens und Ruhens
> doch
> Kein anderer Kontinent
> ist mir lieber als
> AFRIKA.«

Der Tafelberg über Kapstadt; Blick während der Bootsanfahrt nach Robben Island

KAPSTADT UND UMGEBUNG

»In Kapstadt kannst du nicht verlorengehen. Da«, und er
zeigt über die Schulter, »ist der Tafelberg, und da ist die
Teufelsspitze, und da ist der Löwenkopf. Wer sich da ver-
irrt, hat wirklich selber schuld«, gibt Michael seiner farbigen Freundin vor dem schweren Gang zur Abtreibungs-
ärztin in einer Erzählung der Südafrikanerin Zoë Wicomb
(*1948) mit auf den Weg. Nun, ganz so einfach verhält es
sich in der weit auseinandergedrifteten Hafenmetropole
mit den Strecken und der Orientierung nicht. Der magische Tafelbergriese, die etwas kleinere »Teufelsspitze« Devil's Peak und der klobige »Löwenkopf« Lion's Head mögen als verläßliche Anhaltspunkte dienen, doch bezieht
man das Umland mit ein, leben geschätzte drei Millionen
Menschen hier und machen Cape Town neben Johannes-
burg-Soweto und Durban zu einem der drei größten Bal-
lungsräume Südafrikas. Auf den Straßen flutet und stockt
der Verkehr wie andernorts, Hochhäuser recken ihre kon-
turlosen Hälse hinauf, Frauen und Männer halten mit ihren
Handys Kontakt zum Rest der Welt – doch es sind Kapstadts grandiose Kulissen zwischen Bergflanken und Tafelbucht, die den Unterschied markieren. In jenem Territo-
rium, in dem einst die San und Khoi Khoi die Einsamkeiten
durchstreift hatten, gründete Kapitän Jan van Riebeeck
1652 im Auftrag der Niederländischen Ostindien-Kompanie eine Versorgungsbasis, damit Schiffe auf dem Weg von
oder nach Indien und Südostasien ihre Vorräte aufstocken
konnten: Wasser, frisches Fleisch, Obst, Gemüse. Den Boden für den florierenden Asienhandel hatte die Ära der Entdeckungen bereitet, die Ende des Mittelalters von Portu-

gal ausging. Bartolomeu Dias war nachweislich der erste Europäer, der bei seiner Expedition 1487/88 Afrikas südwestlichen Zipfel umsegelte und das spätere Kap der Guten Hoffnung das »Kap der Stürme« taufte. Auf der Suche nach dem legendären Seeweg nach Indien war im November 1497 die Reihe an Vasco da Gama, aber im Vergleich zum schwer passierbaren Kap und dem tiefen Einschnitt der weiter östlich gelegenen False Bay schenkten weder er noch seine Nachfolger der Tafelbucht wirklich Beachtung. Erst die Zeiten van Riebeecks brachten den entscheidenden Wandel. Kapstadt wurde Einwanderern aus Europa, vornehmlich Niederländern, im Laufe der Jahre auch Deutschen, Flamen und Hugenotten, die vor den verschärften Religionskonflikten aus ihrer Heimat Frankreich flohen, zum Auffanglager, zum Sprungbrett ins Landesinnere, zur Mother City, Südafrikas (weißer) »Mutterstadt«. Gleichzeitig gerieten die Ureinwohner in tragische Bedrängnis, wie der Historiker Martin Pabst in seinem aufschlußreichen Länderkundebuch *Südafrika* zeigt:

»Als sich im 17. Jahrhundert die Niederländer am Kap festsetzten, war das gegenseitige Verhältnis zunächst von einer gewissen Gleichberechtigung geprägt. Doch als die Khoi Khoi und ihre Herden durch Krankheiten dezimiert wurden, gerieten sie in ökonomische Abhängigkeit. Der zunehmende Landbedarf der Weißen verdrängte sie entweder an die Peripherie der Kapkolonie oder integrierte sie als abhängige Farmarbeiter oder Hausdiener in die koloniale Wirtschaft. Erfolglose Aufstände (1659/60, 1673-1677) beschleunigten die gesellschaftliche Deklassierung der Khoi Khoi. Die traditionellen Lebensgrundlagen und sozialen Organisationsformen zerbrachen.

Interesse zeigten die Weißen weniger an ihrer Kultur als

an ihren Körpermerkmalen: Khoi Khoi mit ihren volumi-nösen Fettsteißen wurden nach Europa verschleppt und als exotische Schaustücke auf Jahrmärkten vorgeführt.«

Nicht einzig bei den Khoi Khoi, von den Zuzüglern de-spektierlich Hottentotten genannt, nahm das Schicksal sei-nen Lauf. Die Ausbreitung der Weißen, ihre Landnahmen und Farmgründungen führten zu einer steigenden Nach-frage an Sklaven, ein Bedarf, der mit Lieferungen aus West-afrika und Asien gedeckt wurde und Kapstadt nicht zu-letzt zum Umschlagplatz von Menschen machte. Später richteten sich die Briten in Cape Town – Kaapstad auf Afri-kaans – ein und machten es zum Dreh- und Angelpunkt der Kapkolonie. Auf diese Weise wurde der Grundstock der heutigen Vielvölkerstadt gelegt, deren Slogan schlicht-weg lautet: »A world in one city«, »die Welt in einer Stadt«. Dieser Schmelztiegel der Nationen dient mehr als jeder an-dere Punkt Südafrikas als Schauplatz von Krimis, Kurzge-schichten und Romanen, bei denen sich zuvorderst die einheimischen Schriftsteller hervortun und weder Sonnen- noch Schattenseiten aussparen. In *Promenade*, einer Kurz-geschichte von Henrietta Rose-Innes (*1971), saugt der Ich-Erzähler die abendliche Stimmung der Kaphalbinsel in sich ein:

»Es ist eine aufregende Küstenlinie mit oftmals grandio-sen Effekten: sich auftürmende Wolken, donnernde Wellen, Glanzlichter auf den Felsen, wo einst Darwin gestanden und über die geologische Zeit und die vormalige Formation von geschmolzenem Stein sinniert haben soll. Aber dies ist es nicht, was mich so bewegt. Es ist einfach das Licht, das über den Ozean herankommt, funkelnde Helligkeit, wie man sie von keinem anderen Aussichtspunkt der Stadt aus sehen kann: Sie trifft mich ins Mark mit einer Art Ekstase am Rand der Selbstaufgabe, gegen die ich machtlos bin. An manch einem Abend auf der Promenade konnte ich die Tränen nicht zurückhalten. Es gibt einen ganz besonderen Augenblick, wenn der Himmel korallenrot wird und die sich brechenden Wellen kreideblau sind, beinah fluoreszierend im schwindenden Licht. In solchen Momenten ist mir, als rolle die Brandung direkt über meinen Körper unter die Haut, von den Fußsohlen hinauf bis in die Fingerspitzen, sie rollt mir übers Herz und ich wünsche nichts sehnlicher, als mit ausgestreckten Fingern dieses Lichtmeer zu berühren.«

In ihrer autobiographischen Kurzgeschichte *Dream homes II: Stadt in klein* nimmt die gebürtige Kapstädterin Rose-Innes Bezug zu ihrem Heranwachsen »in einer Inselgesellschaft, in einem Regime, das von Kontrolle besessen war, unter dessen Einfluss Wissen unterdrückt und Furcht geschürt wurde«, doch der tieferen Thematisierung dieser dunklen Kapitel widmet sich Südafrikas Literaturnobelpreisträger J. M. Coetzee (*1940). Im Kapstadt der achtziger Jahre spielt sein Roman *Eiserne Zeit*, in dem eine krebskranke alte Frau, Miss Curren, ein tagebuchartiges Abschiedsdokument an ihre Tochter verfaßt. Die Aufnahme eines ungepflegten Obdachlosen gerät ihr, der Weißen, zum letzten Halt. Inmitten der beginnenden Schicksalsgemeinschaft sinniert sie über Klassen- und Rassenunterschiede:

»Zu Deiner Zeit gab es noch nicht so viele von diesen Obdachlosen, doch jetzt sind sie ein Bestandteil des Lebens hier. Ob sie mir Angst machen? Im Grunde nicht. Ein bißchen Bettelei, ein bißchen Diebstahl; Schmutz, Lärm, Betrunkenheit; nichts Schlimmeres. Was ich fürchte, sind die herumziehenden Banden, Jungen mit mürrischen Mündern, raubgierig wie Haie, auf die bereits der erste Schatten des Gefängnisses fällt. Kinder, die verächtlich auf die Kindheit blicken, die Zeit des Wunders, die Wachstumszeit der Seele. Ihre Seelen, ihre Organe für das Wunder, verkümmert, versteinert. Und auf der anderen Seite der tiefen Kluft ihre weißen Cousins, ebenfalls mit verkümmerten Seelen, fester und fester sich einspinnend in ihre verschlafenen Kokons. Schwimmstunden, Reitstunden, Ballettstunden; Kricket auf dem Rasen; ein Leben hinter Gartenmauern, bewacht von Bulldoggen; Kinder des Paradieses, blond, unschuldig, engelgleiches Licht ausstrahlend, weich wie Putten. Ihr Wohnsitz der Limbus der Ungeborenen, ihre Unschuld die Unschuld der Bienenlarven, rundlich und weiß, eingetaucht in Honig, Süße absorbierend durch ihre weiche Haut.«

Gleichzeitig lassen die Repressionen der weißen Ordnungskräfte Miss Curren mehr und mehr Partei für die Schwarzen ergreifen. »Das Land ist am Schwelen«, schreibt sie und fragt sich an anderer Stelle: »Ist es das, was ich für Südafrika empfinde: keine Liebe, aber Gewöhnung an seinen schlechten Geruch?« Wie selbstverständlich gewährt sie Bheki, dem in die Unruhen verstrickten Sohn ihrer schwarzen Hausangestellten Florence, Asyl und hinterfragt den Antrieb zu seinem Widerstand:

›»Warum ist die Polizei hinter dir her?‹

›Sie ist nicht hinter mir her. Sie ist hinter allen her. Ich habe nichts getan. Aber wenn sie wen sehen, von dem sie denken, er sollte in der Schule sein, den versuchen sie zu kriegen. Wir machen nichts, wir sagen bloß, wir gehen nicht zur Schule. Jetzt kommen sie uns mit diesem Terror. Das sind Terroristen.‹

›Und warum wollt ihr nicht zur Schule gehn?‹

›Wozu ist die Schule da? Damit wir uns hübsch einfügen in das System der Apartheid.‹

Kopfschüttelnd wandte ich mich zu Florence um. Ein kritisches kleines Lächeln lag auf ihren Lippen, und sie zeigte es unverhohlen. Ihr Sohn gewann mühelos. Nun, sollte er. ›Ich bin zu alt dafür‹, sagte ich zu ihr. ›Aber es kann doch unmöglich in deinem Sinne sein, daß dein Sohn sich auf der Straße herumtreibt und die Zeit totschlägt, bis die Apartheid zu einem Ende kommt. Die Apartheid wird nicht morgen oder übermorgen sterben. Er ruiniert sich die Zukunft.‹

›Was ist wichtiger, daß die Apartheid zerschlagen werden muß, oder daß ich zur Schule gehen muß?‹, fragte Bheki, mich herausfordernd, Sieg witternd.«

Später ist Bheki tot. Eine schwere Bürde, nicht nur für Miss Curren, sondern für das gesamte Land, wie sie im Beisein des Obdachlosen Vercueil prognostiziert:

»Jetzt ist dieses Kind begraben, und wir gehen auf ihm. Lassen Sie mich Ihnen sagen, wenn ich auf diesem Land gehe, diesem Südafrika, habe ich zunehmend das Gefühl, auf schwarzen Gesichtern zu gehen. Sie sind tot, aber ihr Geist hat sie nicht verlassen. Schwer und halsstarrig liegen sie da und warten darauf, wieder auferweckt zu werden. Millionen von Figuren aus Roheisen, die unter der Haut der Erde dahintreiben. Die Eisenzeit, ihrer Wiederkehr harrend.«

Noch härter als Coetzee geht Autor Roger Smith (* 1960) mit Sozial- und Gesellschaftsmißständen in seiner südafrikanischen Heimat ins Gericht. Smith, der während der Apartheid ein international geachtetes politisches Künstlerkollektiv gründete, läßt in Kapstadt seinen Krimi *Kap der Finsternis* spielen und schont seine Leser beim Blick in die Tiefen der menschlichen Abgründe nicht. Raub und bestialische Morde sind an der Tagesordnung, Kidnapping, Drogenhandel, Korruption, Prostitution, der Blutdurst der Banden. Der Krimi, ein echter Pageturner, ist spannungsgeladen, düster, brutal und schockierend zugleich. Kurz zum Inhalt: Ein US-Amerikaner ist unter dem falschem Namen Jack Burn mit seiner schwangeren Frau und seinem Sohn in Kapstadt untergetaucht. In dem von ihnen gemieteten Haus an den Hängen des Signal Hill wird die Familie zufällig Ziel eines Raubüberfalls. Burn tötet die beiden farbigen Einbrecher, vertuscht die Tat und schafft die Leichen fort. Allerdings begeht er einen Fehler und gerät ins Visier des korrupten Polizeiinspektors Barnard, der die Schlinge enger und enger zieht. Barnard wiederum wird wegen seiner Machenschaften von Disaster Zondi, einem Sonderermittler der eigenen Polizei, verfolgt. Teile der Handlung spielen in den Cape Flats, jenen außerhalb liegenden Flachlandabschnitten mit Ghettocharakter, in die, so Smith »in den Zeiten der Apartheid jeder, der keine weiße Hautfarbe hatte, entsorgt worden war, weit weg von den reichen Vororten, die sich wie Edelsteine an den Tafelberg schmiegten.« Und weiter:

»Die gesichtslosen Bürokraten der Apartheid hatten einen makabren Sinn für Humor an den Tag gelegt, als sie am Reißbrett Tausende von Menschen in die Ghettos auf den Cape Flats verbannten, die so niedliche Namen trugen wie Surrey Estates, Blue Downs und Ravensmead. Dies war nirgends offensichtlicher als in Lavender Hill, wo es keinen Lavendel gab und weit und breit kein Berg zu sehen war, nur eine endlose Fläche beengter Häuser, erbaut auf Buschland, über das ständig der Wind fegte.«

Die Flats sind das Ziel von Jack Burn, um die in Müllsäcke verpackten Leichen der Einbrecher zu beseitigen. Es ist weit nach Mitternacht, er hält sich zunächst auf der N2 Richtung Flughafen:

»Armselige Häuser und Hütten erstreckten sich auf beiden Seiten der Autobahn, als Burn den Tafelberg hinter sich ließ. Die Cape Flats. Wo jeden Tag mehr Menschen eines gewaltsamen Todes starben als in einem Kriegsgebiet. Wo Kinder spurlos verschwanden und ihre geschändeten Körper irgendwann in Kisten unter den Betten von Nachbarn gefunden wurden. Wo die Besitzlosen ihre hungrigen Augen auf den Spielplatz des reichen Mannes an den Hängen des Bergs richteten.

Burn wusste genug über Kapstadt, um zu kapieren, dass die toten Farbigen im Heck des Jeeps von hier draußen aus den Flats kamen.

Bei seiner Ankunft in Kapstadt war Burn wie die meisten Ausländer davon ausgegangen, dass es in Südafrika nur Schwarz und Weiß gab. Aber natürlich waren die Verhältnisse in dem Land, das die Apartheid erfunden hatte, erheblich komplexer. Er hatte gelernt, dass über die Hälfte der Bevölkerung der Stadt aus Farbigen bestand, die fast alle draußen auf den Flats wohnten. Und in Südafrika bedeutete farbig nicht dasselbe wie in den Staaten. Farbige waren hier braunhäutige Menschen verschiedener Rassen, eine Mischung aus Afrikanern, europäischen Siedlern und ihren Sklaven aus Asien.

Also hatte er zwei Farbige getötet. Die Tattoos auf ihren Körpern wiesen sie als Gang-Mitglieder aus. Er wusste, dass draußen auf den Flats Leichen zum Alltag gehörten und es selten zu Zeitungsmeldungen brachten. Er würde am Flughafen vorbeifahren, sie irgendwo draußen auf dem Veld abladen und dann hoffen, dass man sie für Opfer eines

Victoria & Alfred Waterfront, Kapstadt

Gang-Krieges halten würde, falls sie denn gefunden werden sollten.

Eine typische Nacht in Kapstadt.«

Wie sich Ausschnitte der Armut in kleinem Rahmen kommerzialisieren lassen, zeigen organisierte **Township-Touren**. Die Einblicke in kärgliche Behausungen und Schulwesen sind authentisch, doch ein zweischneidiges Schwert. Kritiker prangern den Charakter solcher »Erlebnispakete« im Stil eines »Zoobesuchs« an, Befürworter sehen gerade hier die Begegnung mit einem unbereinigten Stück Südafrika.

Wenden wir uns nun dem ureigenen Zauber von Cape Town zu, die viele Besucher für die schönste Stadt Afrikas halten. Einer der Gründe mißt 1086 Meter und beherrscht als nationales Naturmonument die Kulissen: der **Tafelberg**, den die Khoi Khoi ehrfurchtsvoll *Hoerikwaggo*, »Insel im Himmel«, nannten. »Schlafende Gottheit« und »Wächter des Südens« lautet weiterer Namensschmuck für den Berggiganten, an dessen schroffe Ausläufer sich Häuser und Kiefern drängen. Thobela Mpayipheli in Deon Meyers (*1958) brillantem Thriller *Der Atem des Jägers* hat für all dies keinen Blick, als er am Morgen nach seinem ersten Mord auf den Straßen unterwegs ist:

»Er fuhr bis nach Blouberg, dachte an nichts. Bog ab zum Meer. Ein wolkenloser Morgen. Ein unruhiger Wind, der noch nach seiner Richtung suchte, traf sanft auf seine Haut. Er schaute hoch zum Tafelberg, die ersten Sonnenstrahlen ließen tiefe Schatten über die Klippen fallen, wie die Falten eines alten Mannes. Er atmete langsam ein, langsam aus.«

Thobela Mpayipheli hat aus Entsetzen über die korrupte Justiz das Recht in die eigene Hand genommen und einen

Rachefeldzug gegen Kinderschänder gestartet. In Kapstadt bereitet er sich auf seine zweite Bluttat vor:

»Als die Sonne hinter dem Tafelberg verschwand, fuhr er den Hannes Louw Drive entlang und bog links nach Fairfield ab, direkt auf die Simone, und nach einer langen Kurve links in die Chantelle. Die geraden Nummern waren auf der rechten Seite. Nummer 122 war ein unscheinbares Haus mit vergitterten Fenstern und einem Sicherheitstor. In dem gepflegten Garten standen zwei Zypressen, ein paar Büsche, außerdem gab es einen grünen, frisch gemähten Rasen. Das Ganze war hinten und an den Seiten von einer Betonmauer umgeben. Kein Lebenszeichen. Über dem Garagentor hing ein blau-silbernes Schild: *Cobra Security. Vorsicht, Waffeneinsatz.*

Er hatte ein Problem. Er war ein Schwarzer in einem weißen Vorort.«

Stunden später ist er bereit:

»Thobela parkte am Hendrik Verwoerd Drive oben, am Buckel des Tygerbergs, von dem aus man das Kap vor sich liegen sehen kann, so weit der Tafelberg reicht; es glitzerte die Nacht.

Er war jetzt hier, um ein Hindernis der Gesellschaft aus dem Weg zu schaffen.«

Nach vollbrachter Tat mit einem traditionellen Zuluspeer, einem Assegai, verspürt er »Euphorie« und »absolute Gerechtigkeit«. Der dritte Mord, diesmal an einer Frau, läßt jedoch Zweifel in ihm aufsteigen:

»Die Unruhe hatte Thobela früh am Sonntagmorgen auf den Tafelberg getrieben. Er fuhr nach Kirstenbosch und stieg von hinten auf den Berg, bei Skeleton Gorge, bis er auf dem Gipfel stand und hinunterschauen konnte. Aber das half auch nicht.

Er zog und knetete an den Gefühlen, suchte nach Gründen, fand aber keine.

Es war nicht nur, daß sie eine Frau war.

›O Gott‹, hatte sie gesagt. Er war aus dem Unterholz und den Schatten getreten und hatte im Dunkeln ihre Waffe gepackt und ihren Arm verdreht, so daß sie losließ. Die Hunde bellten wie verrückt, ein Schäferhund biß ihn mit seinen scharfen Zähnen in die Fersen. Er mußte nach dem Tier treten, und Laurens sprach ihr letztes Wort.

›Nein.‹

Sie hatte sich mit den Händen geschützt, als er das Assegai hob. Als die lange Klinge eindrang, war Frieden über sie gekommen. Wie bei Colin Pretorius. Erleichterung. Das war es, was sie wollten. Aber in ihm hallte ein Schrei, ein Schrei, der ihm sagte, daß er keinen Krieg gegen Frauen führen konnte.

Er hörte ihn immer noch, doch da war noch etwas. Ein Druck. Wie Mauern. Wie ein schmaler Korridor. Er mußte raus. In die Freiheit. Er mußte sich bewegen. Weitergehen.

Er ging über den Berg in Richtung Camps Bay. Er kletterte über die Felsen, bis der Atlantische Ozean sich tief unter seinen Füßen erstreckte.«

Im Gegensatz zum Jäger Thobela, der zum Gejagten des alkoholkranken Polizisten Benny Griessel und später eines ganzen Drogenkartells wird, wählen wir die bequemere Bezwingung des Tafelbergs: in der Seilbahn. Atemberaubender Höhepunkt einer jeden Südafrikareise ist die Auffahrt in der Cableway, eine 1,2 Kilometer lange Himmelsreise, die in der Talstation Kloof Nek startet. Die Seilbahntüren schließen sich, mit einem »Here we go« geht es los. Der Kabinenboden rotiert während der Fahrt und erlaubt einen zunehmend grandioseren 360-Grad-Komplettblick über Häusermeer, Ozean und Hafen. In der Ferne verliert sich Robben Island, die einst berüchtigte Gefangeneninsel, als dunkler Fleck in der See. Federleicht gleitet der gläserne Käfig aufwärts und läßt seinen Gondelschatten über Gebüsch und Felsflanken tanzen. Die Temperatur fällt mit der Höhe, nach Ende des Schwebeflugs verläuft sich die Passagierfracht auf den Wegen und Aussichtsterrassen und legt die Panoramen für die persönliche Ewigkeit auf den Speicherkarten ihrer Kameras ab. Vorausgesetzt, das Wetter spielt mit. Meteorologisch gibt der majestätische *Table Mountain*, der von der Seeseite her aus einer Distanz von bis zu 150 Kilometern erkennbar ist, keine Gewähr. Heftige Winde können zur vorübergehenden Einstellung des Seilbahnbetriebs führen, gelegentlich hüllt sich der Berg in Wolken. Bei freier Sicht hingegen schwenkt der Blick über Strandbänder, Villengegenden, Küstenstraßen, Verladekräne, den Lion's Head und die aufgestuften Flanken südwärts in Richtung Kap der Guten Hoffnung. Am Boden warten plüschige Klippschliefer erwartungsvoll auf ein paar Brocken, doch das Tiere-füttern-verboten zählt zu den Besucherregeln auf dem Tafelberg, der als Table Mountain National Park im Verbund der bedeutendsten Schutzgebiete Südafrikas steht. Fast 1500 Pflanzenarten machen den Nationalpark zu Kapstadts rückwärtigem Garten, über das Plateau liegen Felsgebilde in Finger- und Klobenformen ausgestreut.

»Tafelkleid« nennt man die Wolkenmassen, die manchmal den Tafelberg bedecken. Auch die Teufelsspitze, der »Windberg«, ist betroffen. Aber handelt es sich bei den Himmelsgebilden wirklich um Wolken? Das von Annari van der Merwe nacherzählte Märchen *Van Hunks und der Teufel*, das Nelson Mandela in seinen Band *Meine afrikanischen Lieblingsmärchen* aufgenommen hat, legt den Aufzug andersartiger Dünste nahe. Im Mittelpunkt steht ein Seemann, Van Hunks, der überraschend wohlhabend nach Kapstadt zurückkehrt und ein Haus an den Hängen des Windbergs bezieht. Die Gerüchteküche kocht. Vermutungen um eine versteckte Schatzkiste kommen auf und um die vermeintliche Angst Van Hunks, daß eines Tages jemand auf einem Schiff eintreffen könnte, den er auf See ausgeraubt hatte. Doch nicht aus diesem Grund beginnt Van Hunks, sich vom Hafen und den Menschen fernzuhalten. Er liebt die Natur, die Einsamkeit und die Aussicht:

»In Wirklichkeit stieg Van Hunks tagtäglich auf den Windberg hinauf, denn von dort oben hatte er einen hervorragenden Blick auf die Bucht und den Hafen. Stundenlang stand er mit seinem Messingfernrohr da und starrte in die Weite. Dann legte er das Fernrohr weg, nahm sich seine Tabakspfeife mit dem großen Kopf und dem geschwungenen Stiel und blies gemächlich weiße Rauchschwaden in die Luft.«

Unverhofft bekommt Van Hunks Gesellschaft von einem seltsamen Mann mit schwarzem Spitzhut und Kinnbart. Nach anfänglicher Skepsis ist er erfreut, sich endlich wieder mit jemandem unterhalten zu können. Die Treffen werden häufiger, die beiden beginnen, gemeinsam zu rauchen:

»Der Fremde stopfte seine Pfeife – eine überaus hübsche, schlanke Pfeife aus weißem Ton – und steckte sie sich an. Das Aroma des Tabaks war erstaunlich angenehm. Doch schon bald bemerkte Van Hunks, dass der Fremde von einer Rauchwolke eingehüllt wurde, die sehr viel größer war als die, die aus seiner Pfeife kam, und deshalb begann er tiefer zu inhalieren und den Rauch kräftiger auszustoßen.

Der Fremde tat es ihm gleich.

Van Hunks ließ die Brust anschwellen, immer und immer mehr. Dann begann er wie ein Besessener seine Pfeife zu stopfen; glücklicherweise hatte er ausgerechnet an diesem Morgen seinen größten Tabaksbeutel eingepackt.

Der Fremde folgte seinem Beispiel, allerdings konnte Van Hunks nicht erkennen, woher er seinen Tabak nahm. Er wusste nur, dass sie – Pfeife um Pfeife – miteinander um die Wette rauchten, und die große weiße Wolke, die sie einhüllte, wurde dicker und dicker.

›Tauschen wir die Pfeifen‹, schlug Van Hunks schließlich vor.

Der Fremde hielt inne, seine Augen wurden schmäler. ›Einverstanden‹, sagte er nach einer Weile und hielt Van Hunks seine weiße Tonpfeife hin.

Van Hunks stopfte den großen Kopf seiner eigenen Pfeife bis an den Rand, ehe er sie seinem Rivalen gab.

Er zündete sich die Pfeife des Fremden an und inhalierte tief. Doch nichts geschah – er konnte der Pfeife nicht den geringsten Rauch entlocken. Wütend fuhr er den Fremden an: ›Das ist Betrug!‹

Doch der Fremde war unfähig, auch nur einen Ton herauszubringen. Er hatte zu stark an Van Hunks' Pfeife gezogen. Er wurde ganz bleich im Gesicht, dann grün.

›Was ist los?‹, fragte Van Hunks und strich sich nervös über sein Wams.

Aber der Mann vermochte kein Wort zu sagen. Sein Gesicht war jetzt purpurrot angelaufen, und seine kleinen, schmalen Augen waren groß und rund geworden. Er wollte husten, aber er brachte nicht einmal einen Schluckauf zustande.

›Warten Sie – ich helfe Ihnen‹, sagte Van Hunks und versetzte ihm einen kräftigen Schlag auf den Rücken.

Doch das Einzige, was der Schlag bewirkte, war, dass dem Mann sein schwarzer Spitzhut vom Kopf flog. Van Hunks gerann das Blut in den Adern. Aus der dichten, schwarzen Mähne ragten dem Fremden zwei kleine spitze Hörner hervor!

›Du Teufel!‹, schrie Van Hunks. ›Du Satanskerl! Nimm deine Pfeife zurück. Dich werde ich was lehren!‹

Der Teufel nahm seine weiße Tonpfeife zurück, Van Hunks seine geschwungene Pfeife mit dem großen Kopf. Und dann legten sie erst richtig los! Van Hunks blieb es noch immer unerklärlich, woher der Rauch aus der Teufelspfeife kam, aber bald war der ganze Windberg in Schwaden eingehüllt. Nach und nach breitete sich der Rauch aus und bedeckte auch den Tafelberg, doch weder Van Hunks noch der Teufel wollten sich geschlagen geben. Tag für Tag saßen sie da und rauchten oben auf dem Berg, hoch über der Stadt.«

Jahr um Jahr, so heißt es, setzten die Rauchrivalen ihren Wettstreit fort. Und so kommt es, daß, »wenn die weißen Wolken an einem windigen Tag von der Teufelsspitze aus niederwandern und sich über den Tafelberg legen«, die Menschen noch heute zum Berg hinaufschauen und sagen: »Ah ja, jetzt schmauchen Van Hunks und der Teufel sich wieder einen Sturm zusammen.«

Kein Pfeifenrauch, kein meteorologisches Phänomen – in *Gift*, einer Kurzgeschichte von Henrietta Rose-Innes, werden Pflanzen, Tafelberg und Devil's Peak nach der Explosion in einem Chemiewerk von einer öligen Wolke umspült. Die Katastrophe hat zur Massenflucht aus Kapstadt geführt, doch die junge Lynn ist mit ihrem Auto an einer Tankstelle gestrandet. Es gibt kein Benzin mehr, sie kann nicht weiter.

»Um von einem Sommerfeuer zu stammen, war die Wolke viel zu schwarz und zu gewaltig. Sie konnten regelrecht dabei zusehen, wie sie höher und höher in den Himmel hinaufkochte, eine Rauchfahne doppelt so hoch wie der Berg, die sich ihnen wie ein böser Geist entgegenwälzte.«

Ein Horrorszenario, lautlos, tödlich.

»In Lynns Rücken stieg die Wolke immer höher auf. Sie verbreitete ein trübes Dämmerlicht, nicht ganz so dunkel wie echter Schatten. Lynn konnte schmutzige Regenschleier sehen, die sich gar nicht weit entfernt aus der Wolke ergossen. Zuvor, in der Stadt, hatte sie Sirenen gehört, Helikopter waren in der Luft gewesen; hier draußen aber gab es nichts von alledem. Es war vollkommen still.«

Doch diese Stille trügt und bedrückt.

»Es wurde Abend. Die Wolken hatten sich etwas zurückgezogen und hingen nun geballt über dem Berg. Der kurze Regen hatte einen ekelerregenden Gestank freigesetzt: Es roch nach verbranntem Plastik mit metallischem Beigeschmack, dazu leicht säuerlich wie verdorbenes Fleisch. Lynn setzte sich auf den Vordersitz, steckte den Autoschlüssel ein und legte die Hände ans Steuerrad. Sie hatte keinerlei Plan. Es wurde langsam dunkel.«

Zurück im richtigen Leben und frei von Katastrophen, führt uns der Weg von der Bergwelt hinab in Kapstadts geographische Niederungen. Dort, in der City, folgen wir den Spuren der kolonialen Anfänge im Castle of Good Hope. Zwischen 1666 und 1679 erbaut, sah sich die sternförmige Festung niemals einer Feindesattacke ausgesetzt. Sie diente den ersten Gouverneuren am Kap als Residenz, zeigt sich heute museal aufbereitet und wirft ihr Spiegelbild in die Wassergräben.

Unser Entdeckungsspaziergang führt weiter am Rathaus vorbei über den davorliegenden Platz auf die geschäftige Adderley Street und deren Verlängerung, die Government Avenue. Bedeutsamste Kirchbauten sind die Groote Kerk und die St. George's Cathedral, während die 1679 begonnene Slave Lodge von der Nutzung als Massenunterkunft für Sklaven bis zum Sitz des Obersten Gerichtshofs auf eine wechselvolle Geschichte zurückblickt. Ein Stück weiter ist der Company's Garden erreicht, wo sich einst die Obst- und Gemüsegärten der kapholländischen Versorgungsstation befanden. Das sorgsam gepflegte Areal umfaßt Palmen, Bambus, Teiche und Rasenflächen. Die angrenzenden Houses of Parliament können je nach Sitzungsepoche besucht werden, das 1751 erbaute De Tuynhouse steht dem Staatspräsidenten als Residenz zur Verfügung. Die nahe South African National Art Gallery dient internationalen und einheimischen Künstlern als Plattform, während das South African Museum archäologische und naturgeschichtlich aufgezogene Sammlungen präsentiert.

Straßen und Plätze der Innenstadt sind Tummelbecken eines Vielvölkergemischs, das modern in Jeans und Markenschuhen und ebensogut verschleiert oder in Schlappen unterwegs sein kann. Es gibt Szenekneipen, Boutiquen, Antiquitätenläden, Jazz- und Zigarrenbars, Nachtclubs, Art-Déco-Häuser, gesichtslose Architekturmoderne, exotische Restaurants, individuell eingerichtete Boutiquehotels und altehrwürdige Nobelherbergen wie das Mount Nelson Hotel. Nicht minder kontrastreich geht es in manchen Geschäften zu: vorne Handyreparatur, hinten Haarschneidestube. Quirliges Leben herrscht auf der Loop Street, entlang der Long Street und rund um den Green Market Square mit dem Alten Rathaus aus der Mitte des 18. Jahrhunderts, netten Cafés und Kunsthandwerksständen, die vor Trommeln und Masken bersten. Hinter der Buitengracht Street kann man ins historische Malaienviertel Bo Kaap eintauchen, der dahinterliegende **Signal Hill** ist 350 Meter hoch und lohnt des Panoramas wegen die Auffahrt, besonders bei Sonnenuntergang. An der Zufahrtstraße hat Thobela Mpayipheli, der Selbstjustizkiller in Deon Meyers *Der Atem des Jägers*, nach einem neuerlichen Mord sein Fluchtfahrzeug abgestellt – und Einsatzleiter Benny Griessel bei der angesetzten Verfolgung versagt. Nun bekommt Griessel die Quittung.

»Das Handy klingelte.

›Griessel.‹

›Inspector, der Helikopter hat den Van der Reinigungsfirma auf der Signal Hill Road gefunden. Wir schicken einen Streifenwagen.‹

›Und der Verdächtige?‹

›Weg. Nur das Fahrzeug.‹

›Erklären Sie mir, wo das ist.‹

›Das ist die Straße, die von der Kloof Nek Road zu den Aussichtspunkten auf Signal Hill führt, Inspector. Etwa einen halben Kilometer nach der Abbiegung stehen auf der rechten Seite ein paar Bäume.‹

›Niemand nähert sich dem Fahrzeug, bitte. Sie müssen den Bereich großräumig absperren.‹ Er ging hinüber zu Cupido. ›Vaughn, sie haben den Van auf der Signal Hill gefunden. Denk genau nach – hat er Handschuhe getragen?‹

›Bestimmt nicht. Ich habe ihn mir genau angesehen.‹

›Bist du sicher?‹

›Ich bin sicher.‹

Griessel ging hinüber zu den drei Vorgesetzten. Sie hörten auf zu streiten, als er näher kam. ›Superintendent‹, sagte er zu Joubert, ›der Helikopter hat den Van auf der Signal Hill gefunden. Wir glauben, wir haben eine gute Chance auf Fingerabdrücke. Er hat keine Handschuhe getragen. Ich möchte mit der Spurensicherung sofort . . .‹

Er konnte auf allen drei Gesichtern sehen, was jetzt kam.

›Benny‹, sagte John Afrika leise, so daß nur sie vier es hören konnten. ›Sie verstehen doch, wenn Superintendent Joubert jetzt übernimmt?‹ «

Vor seinem ersten Mord erreichen wir mit Thobela Mpayipheli die Waterfront der Hafenstadt: »Thobela fuhr Richtung Einkaufszentrum Waterfront, er wählte die Straße, die am Hang entlangführte, so daß er Meer und Hafen sehen konnte. Das brauchte er – Raum und Schönheit. [. . .] Er nahm die letzte Biegung, und die Aussicht lag vor ihm: Schiffe und Kräne, reichlich blaues Wasser, Hochhäuser und Freeways und dazu die Küstenlinie, die sich geschmeidig nach Blouberg wandte.« Als Vorzeigeziel sticht die **Victoria & Alfred Waterfront** heraus, einst ein Gelände abgewrackter Hafenanlagen, doch als touristisches Juwel rund um Docks und Clock Tower mittlerweile längst auf Hochglanz poliert. In *Land der guten Hoffnung*, einem geschickt konstruierten Krimi des mehrfachen Deutschen Krimi-Preis-Trägers D. B. Blettenberg (* 1949) trifft Privatermittler Helm Tempow dort ein:

»An der Waterfront ließ ich mich auf dem Parkplatz vor dem Haupteingang der Einkaufspromenade absetzen. Nicht nur wegen der Nähe zum Hafen hatte der luftige Neubau etwas von einem gigantischen Schiff. Es lag auch an

Historischer Uhrturm, Victoria & Alfred Waterfront, Kapstadt

den Holzplanken und Stahltrossen, die den vielen Treppen und Etagen den Charakter von Niedergängen und Decks verliehen. Supermärkte, Boutiquen, Cafés, Kneipen und Nobelrestaurants reihten sich aneinander wie auf einer jener riesigen Hochseefähren, auf denen sich alles um zollfreies Shopping dreht.

Wieder im Freien, bot sich mir ein weiter Blick über die Hafenanlage. [...] Jedes Gebäude, ob Lagerhalle oder Verwaltungsblock, präsentierte sich mit frischen Farben im Sonnenlicht. Schlepper, Fähren und Segelschiffe pflügten durchs Wasser oder dümpelten an ihren Liegeplätzen. Auf jedem Kai, auf allen Landungsbrücken und in den Docks herrschte Betriebsamkeit. Arbeiter, Geschäftsleute und Erholungssuchende verschmolzen zu einer einzigen lebendigen Menge. Der Hall von Hammerschlägen, das Zischen von Schweißbrennern und gellende Schiffssirenen begleiteten laute Musik und fröhliches Kinderlachen. Ein Pantomime nutzte die Klangkulisse als Begleitmusik zu seinem ganz persönlichen Stummfilm.«

Der in Berlin über einen Mittelsmann angeheuerte Tempow hat den Auftrag, einen verschwundenen Kriminellen namens Timothy Butler aufzuspüren, der vor Jahren an einer Lösegelderpressung in Deutschland beteiligt gewesen sein soll. Daß viel mehr dahintersteckt als eine landläufige Suchaktion, kann Tempow zu diesem Zeitpunkt nicht ahnen.

Die Mischung aus folkloristischen Chorkonzerten, Shows im Amphitheater, trendigem Nightlife, Meeresgetier im Two Oceans Aquarium, Boutiquen, Bistros, Fast-food-Tempeln, Cafés, Kinos, Hotels und Restaurants macht die rund um die Uhr strengstens bewachte Victoria & Alfred Waterfront zu einem der künstlichsten und befremdlichsten

Stückchen Afrikas. In Roger Smith' Krimi *Kap der Finsternis* soll hier eine Lösegeldübergabe stattfinden. Barnard, der korrupte Polizei-Inspektor, auf dessen Konto zahlreiche kaltblütige Morde gehen, hält Burns Sohn Matt in seiner Gewalt. Nun ist Burn mit dem in einem Sportbeutel versteckten Geld unterwegs:

»Die Waterfront, Kapstadts sanierte Hafengegend, zog jedes Jahr zweiundzwanzig Millionen Besucher an, und es hatte den Anschein, als wären die meisten von ihnen genau an diesem Tag vor Ort. Teils Einkaufszentrum, teils Vergnügungspark, zog sich die Waterfront um den Gewerbehafen. Restaurants, Straßenmusiker, Bootsausflüge und spektakuläre Aussichten auf die Stadt lockten Massen von Menschen an.

Burn, den Sportbeutel locker über die Schulter gehängt, drängte sich durch Scharen europäischer Touristen, deren Haut durch die afrikanische Sonne krebsrot gebraten worden war. Sie schlenderten in Shorts und Sandalen herum, die Digitalkameras um die sonnenverbrannten Hälse, die Brieftaschen von Euros nur so überquellend. Burn warf einen Blick auf die Uhr. Er hatte noch fünf Minuten bis zur Übergabe.

Barnards Anweisungen waren eindeutig gewesen: Burn sollte die Tasche auf der Treppe des Mandela Gateway und gegenüber der Fußgängerbrücke Richtung Einkaufszentrum abstellen. Wenn das Geld dort lag, würde Barnard sein Mobiltelefon anrufen und ihm mitteilen, wo im Waterfront-Viertel er seinen Sohn finden konnte. Burns Bauchgefühl sagte, dass Matt nicht mal in der Nähe der Waterfront war. Barnard würde ihn als Rückversicherung behalten.

Falls er noch lebte.«

Die Übergabe gelingt. Barnard flüchtet. Für ihn steht

außer Zweifel, daß er den in den Cape Flats gefangen gehaltenen Jungen in Kürze töten wird.

»Barnard drängte sich durch die Menge, trieb seinen massigen Leib eine Treppe hinauf und überquerte eine offene Plaza. Er war so schweißgebadet, als wäre er durch eine Autowaschanlage gegangen. Er hatte die kostenpflichtigen Parkplätze gemieden und seinen Ford statt dessen in einer schmalen Gasse abgestellt, die zurück in die Stadt führte. Im Gehen zog er den Reißverschluss des Sportbeutels auf, gerade genug, um einen kurzen Blick hineinzuwerfen. Voller Geldscheine. Ihm war nach Lachen zumute. Er blickte kurz zum Himmel. Danke, lieber Gott.

Sobald er erst mal in Sicherheit war, würde er in die Knie gehen und ein Dankgebet sprechen.«

Mit Hilfe des Nachtwächters Benny, dessen treuen Hund Barnard auf dem Gewissen hat, gelingt es Burn, den Polizisten zu überwältigen. An einem sicheren Ort foltert Benny den Inspektor, der letztlich das Versteck von Burns Sohn preisgibt. Der verzweifelte Vater verliert keine Zeit:

»Burn fuhr den Ford durch die riesige Stadtlandschaft der Cape Flats, diese endlose Monotonie der Armut, die sich in alle Himmelsrichtungen erstreckte. Es war schon gut, dass er gezwungen gewesen war, seinen Jeep an der Waterfront zurückzulassen. Die Einzigen, die auf den Flats Cherokees fuhren, waren Drogendealer. Viel zu auffällig.

Burn hatte die Flats bereits überflogen und war auf der Autobahn dran vorbeigefahren, aber auf diese schäbigen Straßen selbst hatte er sich nie hinausgewagt. Die kleinen Häuser standen dicht gedrängt, auf unsicheren Sandboden gebaut. Die knappen Anweisungen des Nachtwächters führten sie vorbei an Reihen von Ghettoblocks, wo der nie nachlassende Wind die Wäsche an den Leinen tanzen ließ, die über asphaltierte Fußwege gespannt waren. Sie kamen an sandigen, offenen Flächen vorbei, wo junge Männer hinter halb abgerissenen Betonmauern kauerten, die mit Gang-Grafitti überzogen waren.

Burn hatte die Mossberg-Schrotflinte aus Barnards Tasche im Kofferraum des Fords genommen und neben seinen Sitz geklemmt. Er hatte beim Militär eine Mossberg benutzt und freute sich über die zusätzliche Feuerkraft. Er merkte, dass er die Waffe berührte, um ihre beruhigende Wirkung zu spüren.

An einem Stoppschild bremste Burn ab. Ein kleiner Junge, etwa in Matts Alter, stand an der Ecke vor einer verblichenen blauen Moschee. Er wirbelte ein selbstgemachtes Spielzeug herum, ein Stück Kordel, an dessen Ende ein Stein geknotet war. Seine Nase war mit Rotz verschmiert. Er starrte Burn in verblüffter Faszination an.

Als er weiterfuhr, warf Burn einen kurzen Blick in den Innenspiegel. Der fette Bulle war unter der Decke kaum erkennbar.

›Lebt er noch?‹, fragte Burn.

Der Nachtwächter griff nach hinten und hob die Decke an, nickte, starrte dann wieder nach vorn. Burn brauchte den fetten Mann lebendig, bis er seinen Sohn gefunden hatte. Dann konnte der Nachtwächter mit ihm tun, was immer er tun musste.

Sie fuhren tiefer in die Flats, bewegten sich in die Sandwolke, die der Wind über das Labyrinth kleiner Häuser und schmaler Straßen warf.«

Wie es auf den letzten 40 Seiten in den Flats und zurück in Kapstadt weitergeht, sei nicht verraten. Nun kehren auch wir zurück nach Cape Town und an die Victoria & Alfred Waterfront, wo gut eine halbe Stunde Schnellbootfahrt – und gleichsam ganze Welten – die Vergnügungs- und Shoppingmeilen von **Robben Island** trennen. »Südafrikas Alcatraz«, zu Zeiten der Apartheid gefürchtete Gefangeneninsel für Regimegegner, ist heute Weltkulturerbe und gibt im Rahmen wohlorganisierter Touren Gelegenheit, einen der nachhaltigsten Einblicke in die nicht allzu ferne Vergangenheit des Landes zu nehmen. Der indischstämmige Indres Naidoo, wegen seines Widerstands und der beabsichtigten Sprengung eines Stellwerks vom Apartheidregime in den sechziger Jahren zu zehn Jahren Gefängnis verurteilt, verbrachte seine gesamte Haftzeit auf Robben Island. In seinen Erinnerungen *Robben Island – Insel in Ketten* schildert er die Überfahrt:

»Als wir im Hafen von Kapstadt angekommen waren, hielt der Wagen dicht bei einem kleinen Passagierschiff, der *Diaz*, und immer noch in Handschellen und Ketten – viele der Gefangenen hatten noch nie das Meer gesehen, waren noch nie auf einem Schiff gewesen – wurden wir an Bord und hinunter in den Laderaum gebracht. Drei- oder viermal wurden wir gezählt, dann wurde die Luke über uns geschlossen, und das Boot setzte sich in Bewegung.

Wir konnten sehen, wie draußen die Wellen hoch spritzten, die See war ziemlich rau, das Boot rollte von einer Seite auf die andere. Für viele der Gefangenen war es sehr erschreckend, besonders wenn die Wellen gegen die Bullaugen schlugen; wir spürten das Gewicht der Ketten, fühlten uns wie in einer Falle. Einige der Häftlinge zitterten, andere wurden seekrank und stürzten zur Toilette; sie zerrten dabei den Partner mit sich, die Ketten rasselten laut.«

Gleich nach der Ankunft setzen die verbalen und körperlichen Schikanen ein:

»Wir konnten nichts sehen als den Hafen selbst und Büsche und Wärter; viele Dutzende von Wärtern mit leichten Maschinengewehren und deutschen Schäferhunden. Ein Hauptmann und ein Major standen beieinander, keine anderen menschlichen Wesen waren zu sehen, nur Gefängnispersonal, das uns scharf bewachte, während wir schwankend, am Partner zerrend, an Land kletterten.

Wir wurden in große Gefängniswagen gesteckt und etwa 500 Meter weiter in den Hof eines halb fertigen Gefängniskomplexes gefahren. Auch hier war alles still, kein anderer Häftling war in Sicht, nur wir in unseren rasselnden Ketten, Wärter, die einander Befehle zuriefen, und das gelegentliche Bellen eines Hundes.

Während wir aus dem Wagen herausstolperten, umstellten uns die Wärter, und plötzlich ging das Geschrei los: ›Dis die Eiland – Dies ist die Insel. *Hier julle gaan vrek* – Hier werdet ihr verrecken.‹ Wörter wie ›kaffir‹, ›koelie‹ und ›boesman‹ schallten links, rechts und in der Mitte. Stockschläge prasselten auf uns nieder, während wir wie wild umherrannten und uns zu schützen versuchten. Unsere Ketten klirrten laut, einer zerrte in diese Richtung, der andere in jene, wir stießen gegeneinander und stürzten übereinander, während wir versuchten, den Schlägen auszuweichen. Wir schauten auf und sahen, wie der ältere Offizier das Schauspiel genoss.«

Das große Tor, der Hochsicherheitstrakt, Stacheldrahtzäune, Wachtürme, die Dusch- und Toilettenräume – die Verwandlung eines Gefängnisses in ein Museum mag merkwürdig genug sein, doch die Gefängnisführungen durch einstige Inhaftierte stehen für eine noch seltsamere Wendung des Schicksals und verleihen den Touren eine bedrückende Authenzität. Einer der ehemaligen politischen Häftlinge heißt Thulani Mabaso und führt die Besucher durch

Im alten Gefängnistrakt von Robben Island

jene Bereiche, in denen er acht Jahre seines Lebens verbrachte. Der Gang durch die Gegenwart gerät ihm stets zum Streifzug durch seine persönliche Geschichte. Ungeschminkt erzählt er von der Festnahme nach seinem Attentat auf ein Militärgebäude bei Johannesburg (»57 Leichtverletzte, keine Toten«) und von den Folterungen durch die Polizisten. Sie mißhandelten ihn mit Schlägen und Elektroschocks. Sie befahlen ihm, seine Fäkalien zu essen. Sie drückten brennende Zigaretten auf seiner Haut und den Genitalien aus. All dies steht jedoch im Schatten der Gedanken an seinen Vater, auf dessen Besuch er eines Tages vergeblich wartete. »Mit acht Schüssen haben sie ihn niedergestreckt«, sagt Mabaso. Der Vater überlebte schwerstverletzt. »Diese Männer«, sagt sein Sohn mit bitterem Unterton, »diese Männer wurden nach Ende der Apartheid von der Wahrheits- und Versöhnungskommission unter Bischof Tutu amnestiert und führten danach wohlgehende Geschäfte. Mein Vater hingegen war für den Rest des Lebens gezeichnet, blind und hilflos im Rollstuhl. Er wollte nur seinen Sohn besuchen, das war sein einziges Vergehen.«

Für die Häftlinge gehörten Repressalien und Erniedrigungen auf der vormaligen Robben- und Aussätzigeninsel zum Alltag. Indres Naidoo hat die Willkür der Wachen (»Die Wärter konnten uns überall und zu jeder Zeit anhalten und verlangen, dass wir uns nackt auszogen«), die mangelnde Versorgung durch Nahrung und Medizin, die Hierarchien, die Solidarität und Konflikte unter den Häftlingen sowie die drastischen Zusatzstrafen beschrieben:

»Genau in der Mitte des Hofes stand die Prügel-›Mary‹, ein schräges Holzgestell, an dessen oberem und unterem Rand sich Lederriemen befanden. Davor sah ich einen korpulenten Oberaufseher stehen, der 1,80 groß sein und gute zwei Zentner wiegen mochte, und er bog und streckte die Arme. Neben ihm standen der Major Dr. van den Bergen und zwei oder drei andere Beamten. 20 oder 30 Wärter standen in Bereitschaft.

Auf dem Boden lag ein halbes Dutzend schwerer Bambusrohre, an deren dickeren Enden Ledergriffe befestigt waren, und ich sah, wie der Oberaufseher eins nach dem anderen aufnahm, um sie zu prüfen. Er ließ sie durch die Luft sausen und bog sie. Und wenn das Rohr pfeifend heruntersauste, sagte er jedes Mal, er werde den Kuli schon zum Heulen bringen, und die Wärter, die erwartungsvoll in Gruppen herumstanden, redeten laut davon, wie ich schreien würde. Sie warteten ungeduldig auf den Beginn des Schauspiels.

Einer der Wärter befahl mir, die Hose auszuziehen; der Doktor fragte, ob ich an einer ernsten Erkrankung litte, und als ich verneinte, erklärte er mich für fähig, die Schläge auszuhalten. Zuerst wurden mir die Hände über dem Kopf festgebunden, und als ich dann in einem Winkel von 45 Grad auf dem Rahmen lag, wurden auch die Fußgelenke festgebunden. Meine Hose lag auf dem Boden neben mir, und unter Aufsicht des Doktors wurden mir Kissen auf dem Rücken und den Oberschenkeln befestigt, sodass nur mein Gesäß frei lag.

Ein Sanitäter betupfte die freiliegende Hand mit Jod, und ich hörte, wie der dicke Oberaufseher noch lauter als vorher sagte, er werde mich heute noch umbringen; die Narben würde ich für den Rest meines Lebens behalten.«

Zusätzlich brachten Zwangsarbeiten die Gefangenen an den Rand der Erschöpfung:

»Ohne dass man uns eine Erklärung gegeben hätte, bekamen wir – alle tausend Mann – eines Tages Spitzhacken, Schaufeln und Schubkarren und *galas*, lange Eisenstangen, und mussten in der Nähe des Gefängnisausgangs anfangen zu graben. Wir stellten fest, dass wir einen etwa zwei Meter tiefen und zwei Meter breiten Graben aushoben und dass er die Richtung auf den Steinbruch nahm. Die nächsten drei Monate taten wir nichts anderes als Sand und Steine hochschaufeln. Es waren Felsbrocken darunter, die sehr fest saßen, und die Arbeit war genauso zermürbend wie das Steineklopfen im Steinbruch, aber die Wärter hörten nie auf, uns mit ihren Knüppeln, Stöcken und Gummischläuchen anzutreiben. Einige kletterten sogar in den Graben hinunter, um besser prügeln zu können.

Wir standen zu Hunderten in langen, geraden Reihen; unser Gesang erhob sich im Gleichtakt zu unserer Arbeit und übertönte das Schreien der Wärter und das Bellen der Hunde. Auch wenn es regnete, mussten wir im Graben weiterschaufeln. Wir standen dann triefend im Schlamm und wussten, dass wir, wenn wir in die Zelle zurückkamen, in unseren nassen Kleidern würden schlafen müssen, die Wärter, die Insel und das ganze bösartige Apartheidsystem verfluchend.

Schließlich hatte der Graben den Steinbruch erreicht, und dann wurde, genauso plötzlich, wie man uns befohlen hatte, ihn zu graben, angeordnet, ihn wieder zuzuschütten.«

Gewöhnlich nahmen die Knechtungen im Steinbruch ihren Lauf, ohne daß Wetter oder Befindlichkeiten bei der Qual eine Rolle spielten:

»Die Sonne stand jetzt genau über uns; es war unbeschreiblich heiß; wir waren eine Mischung aus Schweiß, Sand und Dreck, unsere Hände und Gesichter waren grauweiß vom fliegenden Steinstaub. Unsere verblichenen Khakimützen und schwarzen Filzhüte waren mit Staub bedeckt. Wir hassten unsere Mützen, denn jedes Mal, wenn ein Wärter vorbeikam, befahl er uns, sie abzunehmen. Wir nahmen sie ab, und auf seinem Rückweg befahl er dann, dass wir sie wieder aufsetzten. Die Mütze abnehmen, sie wieder aufsetzen ... wenn ein Gefangener vergaß, die Mütze abzunehmen, wurde er geschlagen und ermahnt, dem Wärter Respekt zu bekunden, wie es sich gehört, oder der Wärter schlug ihm die Mütze selbst vom Kopf.

Unsere Arme schmerzten. Unsere Hände waren voller Blasen. Unsere Rücken waren wund. Unsere Nacken waren steif. Unsere Augen brannten. Unsere Haut juckte. Trotzdem hämmerten wir weiter, nahmen den Hammer abwechselnd in die eine, dann in die andere Hand; wir hämmerten und hämmerten, ohne aufzuhören, den ganzen Tag lang unter der glühenden Sonne.«

Heute ist der Steinbruch ebenso Besuchsstation wie die einstige Zelle des Bürgerrechtlers und Nationalhelden Nelson Mandela. Für seine Beteiligung an der geheimen Militärorganisation »Speer der Nation« (Umkhonto we Sizwe) des African National Congress (ANC) wurde er vom Regime 1964 zu lebenslanger Haft verurteilt. Bis zu seiner vorzeitigen Freilassung 1990 längst zu einer internationalen Symbolfigur des Widerstands gegen die Apartheid geworden, trieb er den friedlichen Übergang zu einer Demokratie aller Südafrikaner gleich welcher Hautfarbe voran. In seiner Autobiographie *Der lange Weg zur Freiheit* erinnert sich der Friedensnobelpreisträger (1993) und Staatspräsident (1994-1999) an seine Anfänge auf Robben Island:

»Mir wurde die Zelle am Ende des Ganges zugeteilt. Sie

ging auf den Hof hinaus und hatte in Augenhöhe ein kleines Fenster. Mit drei Schritten konnte ich meine Zelle der Länge nach durchmessen. Wenn ich mich hinlegte, konnte ich mit den Füßen die Mauer fühlen, und mein Kopf streifte die Betonwand auf der anderen Seite. Die Breite betrug etwas mehr als anderthalb Meter, und die Mauern waren sicher über einen halben Meter dick. Jede Zelle war draußen mit einer weißen Karte markiert, auf der unser Name und die jeweilige Häftlingsnummer stand. Auf meiner war zu lesen: ›N Mandela 466/64‹; das bedeutet, daß ich als 466. Gefangener im Jahr 1964 auf die Insel gekommen war. Ich war 46 Jahre alt, ein zu lebenslänglicher Haft verurteilter politischer Gefangener; und dieser kleine, enge Raum sollte mein Heim sein – für wie lange, wußte ich nicht.«

18 seiner knapp 27 Gefängnisjahre sollte Mandela auf Robben Island absitzen (»der härteste und schärfste Vorposten des südafrikanischen Gefängnissystems«), seine Memoiren mag man ebenso wie Naidoos Buch als Pflichtlektüre ans Herz legen. Die Alltagsschinderei im Steinbruch mochte ihn körperlich schwächen, doch niemand konnte Mandela den Lebensmut und die Hoffnung auf eine bessere Zukunft nehmen.

»Wenn wir morgens ankamen, holten wir aus einem Zinkschuppen oben auf dem Steinbruch unsere Spitzhakken, Schaufeln, Hämmer und Schubkarren. Dann verteilten wir uns auf dem Grund des Steinbruchs, jeweils in Gruppen zu drei oder vier. Aufseher mit automatischen Waffen standen auf eigens errichteten Plattformen und beobachteten uns. Unter uns gingen unbewaffnete Wärter auf und ab und trieben uns zu härterer Arbeit an. ›Gaan aan! Gaan aan!‹ (›Macht schon! Macht schon!‹) brüllten sie, als wären wir Ochsen.

Gegen elf, wenn die Sonne hoch am Himmel stand, wurden wir allmählich müde. Um diese Zeit war ich bereits in Schweiß gebadet. Die Aufseher trieben uns noch härter an. ›Nee, man! Kom aan! Kom aan!‹ (›Nein, Mann! Komm schon! Komm schon!‹) Kurz vor der Mittagspause schoben wir den Kalk auf Schubkarren zum Lastwagen, der ihn davonfuhr.

Zur Mittagszeit ertönte eine Pfeife, und dann marschierten wir zum Fuß des Hügels. Wir saßen auf Behelfssitzen unter einem einfachen Zinkdach, das vor der Sonne schützte. Die Aufseher aßen bei einem größeren Schuppen und hatten Tische und Bänke. Bottiche mit gekochten Mealies wurden herangeschafft.

Wir arbeiteten bis vier und karrten den Kalk wieder zum wartenden Lastwagen. Gegen Ende des Tages waren unsere Gesichter von weißem Staub bedeckt. Wir sahen aus wie fahle Geister, außer an jenen Stellen, wo Bäche von Schweiß den Kalk weggewischt hatten. Wenn wir in unsere Zellen zurückkehrten, schrubbten wir uns in kaltem Wasser, das den Staub niemals vollständig zu entfernen schien.

Schlimmer als die Hitze im Steinbruch war das Licht. Unsere Rücken waren gegen die Sonne durch Hemden geschützt, doch die Sonnenstrahlen wurden vom Kalk in unsere Augen reflektiert. Das Licht war so grell, daß uns die Augen schmerzten, und machte zusammen mit dem Staub das Sehen schwer. Die Augen tränten, unsere Gesichter bekamen wegen der ständig zusammengekniffenen Augen einen starren Ausdruck. Jeden Tag dauerte es nach der Arbeit lange, bis sich unsere Augen wieder an das dunklere Licht gewöhnt hatten.

Nach unseren ersten Tagen im Steinbruch stellten wir offiziell einen Antrag auf Sonnenbrillen. Die Behörden lehnten ab. Unerwartet kam das nicht, denn uns wurden nicht einmal Lesebrillen bewilligt. Zuvor hatte ich den Commanding Officer darauf hingewiesen, daß es keinen Sinn ergebe, uns Bücher, jedoch keine Brillen zum Lesen zu genehmigen.

Während der folgenden Wochen und Monate beantragten wir immer wieder Sonnenbrillen. Doch wir brauchten fast drei Jahre, bevor man sie uns genehmigte, und das auch erst, nachdem ein freundlicher Arzt erklärt hatte, die Brillen seien notwendig, um unser Augenlicht zu erhalten. Selbst dann mußten wir die Brillen selbst kaufen.

Für uns waren solche Kämpfe – um Sonnenbrillen, lange Hosen, Studienprivilegien, gleiche Kost – Zugaben zu dem Kampf, den wir außerhalb des Gefängnisses führten. Der Kampf für verbesserte Bedingungen im Gefängnis war Teil des Kampfes gegen die Apartheid. In diesem Sinn war alles gleich. Wir bekämpften die Ungerechtigkeit, wo immer wir sie antrafen, gleich, wie groß oder klein sie war, und wir bekämpften die Ungerechtigkeit, um unsere Menschlichkeit zu bewahren.«

Mit Indres Naidoo, dessen Haftentlassung 1973 naht, heißt es »Volle Kraft zurück« ins elf Kilometer entfernte Kapstadt, das aus dieser Perspektive seine ganze Breitseite auffährt. Als Unbeteiligter läßt sich wohl kaum ermessen, was es für die Gefangenen bedeutete, bald wieder Freiheit zu atmen:

»Die Insel bleibt langsam zurück; das Beben des Bootes wird stärker, der Motorenlärm lauter; wir haben das Gefühl, dass die Gefängnis-Pier von uns weggerissen wird. Wir stehen schweigend, jeder an seinem Bullauge und werfen einen letzten Blick auf das, was während der vergangenen zehn Jahre unsere Heimat gewesen ist.

Es entsteht ein seltsamer optischer Effekt: Die Insel scheint größer zu werden, je weiter wir uns von ihr entfernen. Zuerst sehen wir nur die kleine Hafenanlage, dann die Felsen und Sträucher zu beiden Seiten und schließlich die ganze, ausgedehnte Küstenlinie, eine vollständige Insel, ein grünes, malerisches Stück Land im Ozean. Die grausame Monotonie ihres inneren Lebens ist völlig verborgen hinter der äußeren natürlichen Schönheit. Dann, als das Boot sich weiter und weiter entfernt, beginnt die Insel, sich zusammenzuziehen. Sie wird kleiner und kleiner, und schließlich sehen wir nur noch die Wellen, die gegen die Bullaugen schlagen, und die Möwen, die über uns kreischen. [...]

Wir wenden unsere Aufmerksamkeit dem Tafelberg zu, der immer größer wird, dieser riesige Granitfelsen, an dem jetzt kleine Risse und Schrunden sichtbar werden; er ist nicht mehr nur ein unbestimmter Fleck in der Ferne, sondern ein Berg mit einer eigenen Persönlichkeit und seinen besonderen Zügen. Die drei hohen Türme an seinem Fuß sehen aus, als gehörten sie nicht dorthin, aber auch sie machen diese seltsame perspektivische Verwandlung durch: Bis zu einem gewissen Punkt werden sie immer größer, dann werden sie immer kleiner und versinken, während die Wolkenkratzer an der Küste – die zuerst so klein wirkten – plötzlich auftauchen, riesig werden, alles, was dahinter liegt, auslöschen, sogar den Berg.

Das Motorengeräusch setzt aus, das Boot treibt weiter dahin, und wir sehen auf den Docks, die vor uns liegen, Menschen, einige in Arbeitskleidung, andere in Straßenanzügen; die andere Kleidung einer anderen Welt, in der alles anders ist, jede Einzelheit.

Sie sieht nicht nur anders aus, auch ihre Geräusche sind

Am Castle of Good Hope, Kapstadt

anders, es sind vertraute und gleichzeitig fremde Geräusche: eine rangierende Lokomotive – wie viele Jahre ist es her, seit wir einen Zug gehört haben? –, hupende Autos, ein Radio, aus dem laute Popmusik ertönt, keine gestohlene Musik, sondern frei erklingende Töne, die jeder hören darf.

Unser Boot wird festgemacht, und wir stürzen nach oben, kleine Plastikbeutel in der Hand, die den ganzen Besitz enthalten, den wir in zehn Jahren angehäuft haben: Zahnbürste, Zahnpasta, Seife, Waschlappen und Rasierzeug. Wir können es nicht erwarten, an Land zu kommen.«

Ob Indres Naidoo oder Nelson Mandela – man konnte sie beugen, nie brechen. Bei derlei Zeugnissen aus der Ära der Rassenpolitik gilt es stets zu bedenken, daß das Konfliktpotenzial zwischen Schwarz und Weiß Jahrhunderte zurückreicht. Die Gefängnisdramen, die sich auf Robben Island abspielten, zeigen nur einen winzigen Ausschnitt. In seinem historisch-kulturellen Länderportrait *Südafrika* zeichnet Martin Pabst einige Pinselstriche der Geschichte nach:

»Die Apartheid ist wesentlich älter als die rund 40 Jahre, in denen sie in den Gesetzbüchern institutionalisiert war. Ihre Wurzeln gehen auf die Kolonialzeit zurück, die 1652 mit der Inbesitznahme des Kaplandes durch die Niederländische Ostindien-Kompanie begann. Diese wollte nur eine Versorgungsstation einrichten und war nicht an europäischer Immigration interessiert. Sechs Jahre nach der Inbesitznahme des Kaps traf der erste Kommandant Jan van Riebeeck die folgenschwere Entscheidung, Sklaven aus Niederländisch-Indien und Ostafrika einzusetzen. Dadurch wurde eine weiße Oligarchie etabliert, die die braunen und schwarzen Südafrikaner als kostengünstige Arbeitskräfte

54

nutzte. Bei der Abberufung van Riebeecks im Jahr 1662 gab es mehr Sklaven als weiße Bürger am Kap.«

Und weiter:

»Die 1948 eingeführte Apartheid brachte lediglich die Systematisierung und ideologische Überhöhung einer 300 Jahre alten Einrichtung. Bereits der Premierminister der britischen Kapkolonie Cecil Rhodes hatte 1894 die Rassentrennung als das ›Gesetz Afrikas‹ bezeichnet, und in den Gesetzbüchern der Kapkolonie und Natals standen zahlreiche segregierende Bestimmungen. Selbst die 1921 von europäischen Zuwanderern gegründete Südafrikanische Kommunistische Partei (SACP) propagierte zunächst ein ›weißes kommunistisches Südafrika‹, bis sie sich auf Druck Stalins den schwarzen Massen öffnete.«

Aufbruch zu neuen Ufern. Unser Ziel, ganz am Ende: das magische Kap der Guten Hoffnung tief im Süden der Cape Peninsula, je nach Anfahrtsvariante gut 70 Kilometer von der City entfernt. Auf der Landkarte wirkt die **Kaphalbinsel** wie eine gigantische Vogelkralle, die sich zwischen offener See und False Bay verhakt hat. Gewaltige Berge, vereint mit dem Ozean, Strände, Dünen – so sieht es am Westsaum der Halbinsel aus. Wer Sea Point als Einstieg wählt, erreicht bald die gepflegten Wohngebiete von Clifton, Camps Bay und Llandudno, später Kommetjie und Scarborough. Doch der Wohlstand ist stets an die Sorge vor gewaltsamen Übergriffen gekoppelt, was nicht nur für Kapstadt und Umgebung gilt. Man schirmt sein Eigentum hermetisch ab: mit Mauern, Gittern, auf denen Metallspieße thronen, Stacheldrahtrollen. Überall bieten Wachdienste ihre Tätigkeit an, selbst auf Werbeplakaten an Bushaltestellen. Wer glaubt, sich dieser Dienste entziehen zu können, bekommt ungebetenen Besuch, wie der wegen einer Affäre mit einer Studentin unehrenhaft entlassene Kapstädter Professor David Lurie, für den Cape Town aus hormoneller Sicht »eine Stadt, reich an Schönheit, an Schönheiten« ist. In *Schande*, einem von Sozialkritik durchtränkten Meisterwerk J. M. Coetzees, kehrt Lurie nach dreimonatiger, obgleich mit Tragik behafteter Auszeit bei seiner Tochter Lucy auf dem Land in sein städtisches Anwesen zurück:

»Er schließt das Eingangstor auf. Der Garten ist zugewuchert, der Briefkasten vollgestopft mit Handzetteln, Reklame. Obwohl das Haus den heutigen sicherheitstechnischen Anforderungen genügt, hat es doch monatelang leer gestanden – die Hoffnung, daß es nicht heimgesucht wurde, ist unrealistisch. Und in der Tat, sobald er die Tür aufschließt und die Luft riecht, weiß er, daß etwas nicht stimmt. Sein Herz beginnt in schmerzhafter Erregung zu hämmern.

Kein Laut. Wer hiergewesen ist, ist jetzt fort. Aber wie sind sie hereingelangt? Auf Zehenspitzen von Zimmer zu Zimmer gehend, stellt er es bald fest. Die Gitterstäbe vor einem der hinteren Fenster sind aus der Mauer gerissen und umgebogen worden, die Fensterscheiben eingeschlagen, so daß ein Loch entstanden ist, groß genug für ein Kind oder sogar einen kleinen Mann, um hindurchzuklettern. Eine Schicht aus Blättern und Sand, vom Wind hereingeweht, ist auf dem Boden festgebacken.

Er wandert durchs Haus und registriert die Verluste. Sein Schlafzimmer ist geplündert worden, die Schubladen sind gähnend leer. Seine Stereoanlage ist fort, die Tonbänder und Schallplatten, seine Computerausrüstung. Im Arbeitszimmer hat man Schreibtisch und Aktenschrank aufgebrochen; überall sind Papiere verstreut. Die Küche ist gründlich ausgeräumt: Besteck, Geschirr, kleinere Geräte. Sein Alkoholvorrat ist verschwunden. Sogar der Schrank, in dem sich Nahrungsmittel in Büchsen befunden hatten, ist leer.

Kein gewöhnlicher Einbruch. Ein Plünderungskommando ist eingedrungen, hat das Haus leergeräumt, hat – beladen mit Säcken, Kisten und Koffern – den Rückzug angetreten. Beute; Kriegsreparationen; wieder eine Aktion in der großen Umverteilungskampagne. Wer trägt jetzt wohl seine Schuhe? Haben Beethoven und Janáček ein Zuhause gefunden, oder hat man sie auf den Müll geworfen?«

Schmerzliche Wirklichkeiten gehören gleichermaßen zu Kapstadt wie traumhafte Aussichten. Wer die Entdeckungen im Westen der Kaphalbinsel fortsetzt, wird sich der von Mutter Natur stimulierten Anziehungskraft nicht erwehren können. Zwischen 1915 und 1922 trieben Arbeiter die kurvenreiche, gebührenpflichtige Panoramaroute Chapman's Peak Drive in den Fels, die Szenerie um die Hout Bay gleicht einem zum Meer hin geöffneten Amphitheater, die Zwölf-Apostel-Berge halten ewige Wache. In D. B. Blettenbergs Krimi *Land der guten Hoffnung* überbrückt Privatermittler Helm Tempow die Zeit bis zum Treffen mit einem Informanten am Strand und folgt einer unscheinbaren Frau:

»Als ich eine Viertelstunde später die Felsformationen am Ende der Bucht erreichte, hockte sie bereits an der äußersten Spitze der Landzunge und gestikulierte zum lauten Vortrag aufs offene Meer hinaus. Ich fand einen bequemen Stein, setzte mich und sah zum Hotel zurück, das sich mit weißer Front und grünen Dächern hell vor der dunklen Wand der Zwölf Apostel abhob. Die Bergkette überragte die Bucht. Sie machte den Landstreifen zwischen Massiv und Atlantik schmal und zwang Häuser und Straßen in eine steile Hanglage. In der aufkommenden Dämmerung konzentrierte sich das quirlige Leben ganz auf die Küstenstraße. Neonreklamen, Scheinwerfer und Rückleuchten verschmolzen zu einem bunten Lichterband.

Das Handy, das ich mir direkt nach meiner Ankunft gemietet hatte, vibrierte. Ich meldete mich. Es war der Mann, mit dem ich verabredet war.«

Ohne zu Sklaven des Dauernd-erreichbar-Seins zu werden, rücken wir ein Stück landeinwärts ab und erreichen den 1913 begründeten Kirstenbosch National Botanical Garden, in dem Tausende Pflanzenarten heimisch sind und gelegentlich Konzerte abgehalten werden. Einen Zusatzabstecher lohnt das Tal von Constantia, wo Gouverneur Simon van der Stel vor Jahrhunderten den Grundstein für zunächst extrem süße Weine legte. In Europa fanden die Tropfen reißenden Absatz und sollen nicht zuletzt den Verbannungsschmerz des entmachteten Kaisers Napoleon gelindert haben. Die vom Fremdenverkehrsamt propagierte Constantia Wine Route gibt einen Vorgeschmack auf Südafrikas Weinrouten (siehe nächstes Kapitel) und verbindet Nobelgüter wie Klein Constantia, Constantia Uitsig, Steenberg und Buitenverwachting. Als Klassiker hat sich das 1685 gegründete Gut Groot Constantia etabliert, wo sich Gelegenheit zu Kellertouren und Verkostungen bietet. Der Genuß edler Tropfen vermischt sich mit hochklassiger Gastronomie, ummantelt von kapholländischem Herrenhausstil.

Am Ostrand der Kaphalbinsel, zur False Bay hin, pflegen Muizenberg und Fish Hoek mit ihren Promenaden, Stränden und Villengebieten den Ruf als elitäre Kapstädter Sommerfrischen. In Muizenberg verbrachte der Kolonialpolitiker Cecil Rhodes (1853-1902) im Rhodes Cottage seine letzten Lebensjahre, während wir »oberhalb von Muizenberg, mit Blick auf den Bogen von False Bay« der krebskranken Miss Curren aus J. M. Coetzees Roman *Eiserne Zeit* wiederbegegnen. Ihre Schmerzen erlauben ihr kaum mehr, das Haus zu verlassen. Um so stärker genießt sie im Beisein des Obdachlosen Vercueil den Ausblick und horcht in ihr Innerstes:

»Ein Brecher, vollkommen gerade, Hunderte von Yards lang, rollte landwärts, vor ihm dahingleitend eine einzelne geduckte Gestalt auf einem Surfboard. Auf der anderen Seite der Bucht ragten klar und blau die Berge von Hottentots Holland auf. Hunger, dachte ich: es ist ein Hunger der Augen, den ich fühle, solch ein Hunger, daß ich nicht einmal zwinkern mag. Diese Wogen, diese Berge: ich möchte sie meinem Gesichtssinn so tief einbrennen, daß ich sie, wohin ich auch gehe, stets vor mir habe. Ich bin hungrig vor Liebe zu dieser Welt.«

Stolz des historischen Marinestützpunktes Simon's Town ist die *Historical Mile* der Hauptdurchgangsstraße mit ihren Häusern im viktorianischen Stil, während am nahen Boulders Beach die Natur die Oberhand behält. Zwischen Wasser, Felsen, puderweißem Sand und Erdhöhlen unter Büschen und Bäumen tummeln sich Brillenpinguine, deren herbe Duftnoten die Eindrücke nicht einzutrüben vermögen. Die an Menschen gewöhnten Pinguine lassen sich von Stegen aus ungestört beobachten, während die tiefblaue Bucht und die ferne Bergzackenlinie um den 1269 Meter hohen Kogelberg die Traumkulissen im Hintergrund modellieren; zwischen Juni und November tauchen zudem Glattwale in der False Bay auf.

Kapwärts steigern Felszungen die Vorfreude auf einen

Felsenszenerie am Kap der Guten Hoffnung

wilden Landstrich: das **Naturreservat Cape of Good Hope**, wo der Cape Point und das eigentliche Kap der Guten Hoffnung als Doppelspitze in die See stechen. Oft peitschen Winde mit mehr als hundert Stundenkilometern über die Vorsprünge hinweg und wühlen das Wasser auf. Schon für Vasco da Gama geriet die Umseglung des Kaps 1497 zum nautischen Meisterstück, wie der Auszug aus einem lange verschollenen Tagebuch eines Reiseteilnehmers, mutmaßlich von Álvaro Velho, belegt:

»So gingen wir nun in südöstlicher Richtung in See, und am Samstagabend kam das besagte Kap der Guten Hoffnung in Sicht. Wir wendeten und hielten zunächst aufs offene Meer, um dann in der Nacht beizudrehen und wieder auf die Küste zuzufahren. Am Sonntagmorgen, es war der 19. November, kamen wir abermals auf die Höhe des Kaps, konnten es aber nicht bezwingen, weil der Wind Südsüdost war und das Kap selbst Nordost-Südwest liegt, so daß wir unser Manöver wiederholten. Wir drehten ins offene Meer, wendeten und fuhren Montag nacht wieder dem Lande zu. Am Mittwochnachmittag endlich glückte es uns, vor dem Winde um besagtes Kap, der Küste entlang, herumzufahren.«

Im Mai 1522 wurde der Italiener Antonio Pigafetta Augenzeuge einer dramatischen Passage:

»Um das Kap der Guten Hoffnung umschiffen zu können, waren wir gezwungen, bis 42° südlicher Breite zu segeln. Während dieser Zeit mussten wir wegen der beständigen West- und Nordwestwinde, die Ungetüme von Wellen gegen unseren Bug warfen, mit gerefften Segeln fahren. Das Kap liegt unter 34° 30' südlicher Breite und ist 1600 Leghe von dem Kap von Malakka entfernt. Es ist das größte und gefährlichste Vorgebirge der Erde.«

Pigafetta, Teilnehmer der unter Magellan 1519 begonnenen ersten Weltumseglung, schließt mit den Worten: »Endlich passierten wir mit Gottes Hilfe dieses fürchterliche Kap. Wir mussten uns aber dem Land bis auf 5 Leghe nähern, sonst wären wir nie daran vorbeigekommen.«

Stürme, Klippen, Nebel und Strömungen, die aus dem Zusammenfluß des wärmeren, schnelleren Agulhas-Stroms vom Äquator her mit dem kühleren, langsameren Benguela-Strom aus der Antarktis resultieren, sind vielen Schiffen zum Verhängnis geworden. Das Verschwinden der »Flying Dutchman« (1680), die bis heute in der Phantasie der Menschen gelegentlich als Geisterschiff wieder auftaucht, die Untergänge der »Star of Africa« (1876) und der »Thomas T. Tucker«, die auf ihrer Jungfernfahrt 1942 Kriegsmaterial für die Alliierten nach Nordafrika transportierte, stehen in der Reihe der größten Tragödien. Leichtes Spiel hat, wer den Südwestpunkt des Kontinents mit festem Boden unter den Füßen ansteuert. Obligatorisch sind die Besucherfotos vor dem Hinweisschild des Cape of Good Hope, dahinter steigen Felsschichtwerke zu Panoramapunkten auf der äußersten Landspitze auf. Das **Kap der Guten Hoffnung**, es ist eine faszinierende Wildnis aus Stein und Wasser. In *Elefantengold*, einem von Erzählsträngen und Schauplätzen her komplexen Krimi des deutschen Autors Edi Graf (*1962), sind wir der Tübinger Journalistin Linda Roloff hierher gefolgt. Der Hilferuf ihres unter Mordverdacht stehenden Freundes Alan und ihr kriminalistischer Spürsinn haben sie an den Rand des Krüger-Nationalparks und jetzt ans Kap gebracht. Noch kann sie sich keinen Reim auf den Zusammenhang zwischen zwei mysteriösen Todesfällen machen und ahnt nicht, in welcher Gefahr sie schwebt, als sie die Landspitze in einer kleinen Auszeit erkundet:

»Linda trat nahe an den Abgrund und spürte das flaue Gefühl im Magen, als sie tief unter sich die peitschenden Wellen des Atlantiks an den rotbraunen Felsen brechen sah. Türkisfarben und klar schimmerte das Wasser, dazwischen fast schwarze Tangfelder, die man beim ersten Blick für Robben halten konnte. Kormorane flogen in Formation über ihren Kopf hinweg, Möwen kreischten und die Luft roch nach dieser wundervoll frischen Mischung aus Salz, Fisch und Algen.

Linda Roloff genoss es, ganz allein hier draußen zu stehen, diesen Blick auf das Meer hinaus für sich zu haben. Sie setzte das Fernglas an, um die Punkte, die sie aus der Entfernung für Wale gehalten hatte, eingehend zu betrachten, als sie die Bewegung hinter sich spürte. Gleichzeitig fühlte sie den Klammergriff, der ihren Hals in einen Schraubstock zu zwingen schien.

›Nicht umdrehen!‹ flüsterte eine Stimme auf Englisch rau an ihrem Ohr, ›sonst landen Sie da unten.‹

Linda stockte der Atem. Ein Schritt nach vorn, eine kleine Bewegung des Unbekannten und sie stürzte in den Abgrund. *Würdest du einen solchen Sturz überleben?* fragte sie sich. *Wie machten das die Todesspringer von Acapulco?* Linda konnte nicht über eine Antwort nachdenken, denn der Fremde flüsterte bedrohlich:

›Hören Sie mir jetzt genau zu. Und wenn Sie meinen Rat befolgen, wird Ihnen nichts passieren. Wenn Sie schreien, oder versuchen, sich umzudrehen, stoße ich Sie über die Klippe!‹

Lindas Magen zog sich zusammen. Sie fürchtete, das Bewußtsein zu verlieren und die schroffen Felsen hinabzustürzen.

›Wenn Sie da unten sind, wird kein Mensch auf den Ge-

Das Schild zeigt es an – am Kap der Guten Hoffnung

danken kommen, dass es mehr als ein Unfall war. Bedauerlich, wie schnell man ausrutschen und das Gleichgewicht verlieren kann!‹ Sie spürte seinen Griff härter in ihrem Genick und die Kraft, mit der er sie noch zehn Zentimeter näher zum Abgrund schob. Sie schrie leise auf. Von den Japanern, die sich hundert Meter unter ihr noch immer für ihre Erinnerungsfotos postierten, achtete keiner auf die beiden einsamen Menschen oben auf den Klippen.

›Hören Sie auf, hier herumzuschnüffeln. Sie werden ohnehin nichts finden. Haben Sie mich verstanden?‹ Linda nickte hastig.«

Trotz der eindeutigen Warnung wird Reporterin Roloff ihre Ermittlungen bis zum furiosen Showdown im Gebiet des Krüger-Nationalparks fortführen und dabei sogar das Leben ihrer kleinen Tochter aufs Spiel setzen, die nach Südafrika mitgereist ist.

Auf den ersten Blick friedlicher, aber von einer unterdrückten Dramatik bestimmt, gestaltet sich ein Kapausflug in Zoë Wicombs eindringlichem Erzählband *In Kapstadt kannst du nicht verlorengehen*. Inmitten der Ära der Apartheid folgen wir den Erinnerungen der Ich-Erzählerin Frieda, einer Farbigen, an ihren Freund Michael, einen Weißen, und ihre zu Kapitelbeginn erwähnte anstehende Abtreibung:

»Einmal, als wir gefährlich weit draußen auf den Felsen saßen, haben wir im Gedanken an ein Kind zärtlich gelacht. Vorne am Cape Point, wo die Ozeane aufeinandertreffen und sich scheiden. Im Kampf um ihre je eigene Identität brausten und tosten der Indische und der Atlantische Ozean so wild, daß wir uns eng aneinanderschmiegten, seine Hand auf meinem Bauch. Es heißt, wenn man ein Auge schließt und das andere sorgfältig einstellt, dann mag es zwar sein, daß die Linie, die die beiden Meere trennt, wie betrunken schlingert, aber sie bleibt immer deutlich und haarfein zu erkennen. Doch ich sah nicht hin. Im böigen Wind kämpfte ich mit den wild flatternden Enden eines Kopftuchs, das ich mir um die Haare schlingen wollte. Später an diesem Tag schrieb er in den silbernen Sand eines verlassenen Strandes feierlich die Worte: ›Willst du mich heiraten?‹, und meine zitternden Finger malten ein riesiges Herz drumherum. Vor uns tanzte die Sonne auf den Wellen und betupfte sie golden.«

Die romantische Abendstimmung täuscht ebenso wie Michaels Frage. Dessen Liebesglut ist zu diesem Zeitpunkt erloschen, ganz abgesehen davon, daß Südafrikas damaliges Gesetz gegen Mischehen einer gemeinsamen Zukunft im Wege gestanden hätte.

Geographisch abgezielt auf das Kap, bringt der deutsche Schriftsteller Rudolf Hagelstange (1912-1984) in seinem Gedicht *Apartheid* den Widersinn der Trennung von Schwarz und Weiß auf besondere Weise zum Ausdruck:

> »Auf dem Wege – Wanderer, kommst du –
> zum Kap der guten Hoffnung
> hab ich sie liegen gesehn,
> die elfenbeinfarbenen Beaches und Bays
> ›only for Europeans‹
> (Sage: wo baden Amerikaner?)
> – wie das Gesetz befahl.
>
> Am Ende der Straße,
> dreißig Meilen von Cape Town,
> der Stachel des schwarzen Skorpions:
> das Kap.

Aufprall, Vermischung indisch-atlantisch,
(Phönizier haben es zwei Jahrtausende
vor Diaz und Vasco da Gama
umschifft.) Schön ist, Mutter Natur, –

– deiner Erfindungen Pracht gesättigt,
traf der Sterbliche Anstalten (Was ist der Mensch? –
Ein Tropfen am Eimer.)
eine Anstalt ›Europeans only‹ aufzusuchen.
Verstieg sich verstiegen.
Wurde des Pfades belehrt zu:
›Blankes Here ond Dames.‹

Also schreitet der Mensch
(wie Diaz, da Gama)
eilends fortschrittlich fort.

Das dumme Zebra
läuft immer noch,
CAPE OF GOOD HOPE,
schwarz-weiß-gestreift herum.«

Zebras – es gibt sie wirklich im Naturschutzgebiet am Kap.
Ebenso wie Buntböcke, Elenantilopen, die giftige Puffot-
ter, über 250 Vogelarten und reichlich Klippschliefer, die
den Wind und das traumhafte Umfeld ebenfalls zu genießen scheinen. Felsenzungen reichen ins Meer, über das Inland legen sich Blütenteppiche. Die Natur tischt Farbspiele
in Grün und Lila und leuchtendem Rot auf, Kolibris tanzen
über den Sträuchern, Möwen halten sich im Wind. Die
Warnschilder gelten den Pavianen, die sich auf alles Freß-
bare stürzen und vor frechem Diebstahl aus Menschenhand

Im Naturreservat Cape of Good Hope

nicht zurückschrecken. Eine Aussichtsetage höher als das Kap liegt südöstlich der **Cape Point** mit seinem alten Leuchtturm, zu dem die Zahnradbahn »Flying Dutchman Funicular« und der Treppenaufstieg steil aufwärts zu einem der prächtigsten Felsenthrone der Erde führen. Der Wind schneidet ins Gesicht und zurrt und zerrt am Körper, aus der Tiefe tönt das Brausen der schaumigen, aufgequirlten See. Eine dramatische Szenerie – und ein idealer Abschluß für unseren Reisebeginn durch Kapstadt und Umgebung.

DIE WEINREGION

Ein fruchtiger Chardonnay, ein blutroter Pinotage, ein faß-
gereifter Cabernet Sauvignon mit aromatischen Anflügen
von Beeren, Anis und Eukalyptus – Südafrikas sonnenge-
reifte Tropfen sind Liebe auf den ersten Schluck und geben
der Reise eine besondere Note. Wer vermag der Verlok-
kung zu widerstehen, ihre Quellen östlich und nordöstlich
von Kapstadt zu besuchen? Weingüter gibt es wie Sand am
nicht allzu weit enfernten Meer. In den Kathedralen des
roten und weißen Goldes öffnen sich Besuchern die Tore
zu Kellertouren und Proben, gelegentlich sind den Höfen
kleine Gasthäuser und Restaurants angeschlossen. Die Qualität der Weine verbürgt die geschützte Herkunftsbezeich-
nung *Wine of Origin.* Die bekanntesten Anbaugebiete mit
Geschichte, granit- und schieferdurchsetzten Böden, mil-
dem Klima und namhaften Erzeugern konzentrieren sich
um Stellenbosch, Paarl und Franschhoek, die zu Südafrikas
Weinpionierorten gehören. Manche der saftig-grünen, viel-
höckerigen Kulissen aus Berg und Tal scheinen geradewegs
dem Süden Deutschlands entlehnt.

Nachdem Kapstadtgründer Jan van Riebeeck 1659 erst-
malig Wein gekeltert hatte (wobei die despektierliche Bemerkung überliefert ist, daß es sich bei dem Produkt um
ein »ungenießbares Gesöff« handelte), gab es kein Halten
mehr. Fortan waren es ein ums andere Mal Einwanderer
aus Frankreich, zuvorderst geflohene Hugenotten, die Reben und Kelterkenntnisse in die Neuheimat verpflanzten
und *learning-by-doing* den Weinbau vorantrieben. **Stellenbosch**, die erste Station unserer Tour, wurde 1679 von Kap-
gouverneur Simon van der Stel aus der Taufe gehoben und

gilt damit als älteste europäische Siedlung im Landesinnern Südafrikas. Nach van der Stels Vorstellungen sollte sich hier ein Ort »freier Bauern« entwickeln und das Kap mit Getreide beliefern, doch es dauerte nicht lange bis zur Pflanzung der ersten Weintrauben. Längst hat sich Stellenbosch vom Landwirtschaftsdorf zum Universitätsstädtchen und – lokalpatriotisch leicht verklärt – zur »Weinhauptstadt Südafrikas« gemausert, wie ein Slogan verheißt. Die Rebgärten reichen bis ins Stadtgebiet hinein, in und um Stellenbosch liegen über zwanzig private Weingüter und fünf Kooperativen; Delheim, Neethlingshof, Bergkelder und Blaauwklippen zählen allgemein zu den bekanntesten Namen. In der City geht das Leben zwischen Eichenalleen, Eukalyptusbäumen, Eerste River, Campus und Fußgängerzone seinen beschaulichen Gang. Man trifft sich in der Dorp Street, an den Straßenständen, in lauschigen Cafés und Lokalen. Oder zum knusprigen Masthühnchen bei *Kentucky Fried Chicken*, wobei ein Aushang vorsorglich darauf hinweist, daß der Manager nicht den Schlüssel zum Safe habe …

Stellenboschs Straßenzüge und Villen machen einen adretten Eindruck. Das zentrale Park- und Wiesengelände Braak vereint die Rheinische Missionskirche und die Marienkirche, beide aus dem 19. Jahrhundert; das 1776/77 am Platz erbaute Munitions- und Waffenlager der Niederländischen Ostindien-Kompanie hat in seiner ursprünglichen Funktion glücklicherweise ausgedient. Über den historischen Kern verteilen sich weitere Beispiele der kap-holländischen Architektur. Die frühen Häuser waren eingeschossig, hatten steile Dächer und im Regelfall drei Zimmer. Der steigende Wohlstand führte im 18. Jahrhundert zu größeren und kunstvolleren Ausführungen; typisches

Im Zentrum von Stellenbosch

Merkmal war der Vordergiebel. Im Laufe der Zeit gesellten sich die Anbauten von Flügeln hinzu, wobei sich die Grundstruktur und Symmetrie der Häuser mit ihrem Vorder- und Hinterzimmer sowie einer einheitlichen Fensterzahl stets glichen. Vertiefende Einblicke ermöglicht das Village Museum mit Häusern aus verschiedenen Epochen; das älteste ist das Schreuderhuis vom Beginn des 18. Jahrhunderts.

Der niederländische Erzähler Cees Nooteboom (*1933) fühlte sich bei seinem Besuch in Stellenbosch gleich mehrfach befremdet:

»Januar, Hochsommer. Eine verkehrte Welt, niederländische Häuser in den Tropen, weiß verputzt, hinter wollüstigen Hortensien. Eine Zeitung, die ich mit einiger Mühe lesen, Sprache, die ich verstehen kann. Von allen Seiten Musik, ein Straßenumzug mit hohen Wagen, darunter ein gigantisches Schwein aus rosaroten Azaleen, Singen und Rufen, der Festtag der Universität. Hunderte weißer Studenten, ist dies Afrika? Sie sitzen da, hoch und blond, singen und trinken Bier.«

Spätestens Ende Juli oder Anfang August, beim großen Stellenbosch Wine Festival, gewinnt der Wein die Oberhand; meist stehen über 500 verschiedene Tropfen zur Verkostung bereit. Begleitet von Cees Nooteboom sehen wir, daß sich der Autor an anderer Stelle ebenfalls in der Heimat vermeint:

»Später, als ich der Festfreude den Rücken gekehrt habe und durch ruhige, elegante Alleen mit großen Häusern gehe, komme ich in die Nähe der reformierten Kirche. Von drinnen schallt der schwere Gesang heraus, den ich aus den Niederlanden kenne, der träge, gedehnte, monotone Fluß der Psalmen, Stimmen von Männern und Frauen, tief und hoch, massiv und überzeugt. Als ich die Tür öffne, sehe ich eine große weiße Menschenmenge. Die Kirche ist bis zum letzten Platz besetzt.«

Gleichzeitig fühlt sich Nooteboom vom Weinland verzaubert, das ihn an das alte Europa erinnert:

»Rings um die Stadt die Weinberge mit den poetischen Namen in meiner Sprache, Land, das sich schon seit Jahrhunderten in den Händen von Weißen befindet. Wein ist Tradition, überliefertes Wissen. Die Landschaft fließend wie die elysischen Gefilde, grüne Hügel, eine Provence, eine Toskana.«

Zwischen Stellenbosch und **Paarl** setzt sich das fruchtbare, frische Grün mit Bergwiesenbecken und bewaldeten Hängen fort. Das 1717 von den Hugenotten gegründete Städtchen Paarl dehnt sich im Gebiet von Toit's Kloof und Paarl Mountain am Berg River aus. Es macht einen geschäftigen und freundlichen Eindruck, die Villengärten sind mit reichlich Bäumen und Blumen bestückt. Außerhalb von Paarl ist das moderne Afrikaans Language Monument als Verbeugung vor dem Afrikaans zu sehen, das trotz seiner mehr als 300jährigen Geschichte als vergleichsweise junge Sprache gilt. Das Miteinander der teils geschwungenen, teils säulenartigen Monumentformen symbolisiert das Miteinander der Sprachwurzeln aus Europa, Afrika und Asien. Die höchste Säule ragt 57 Meter in die Höhe und versinnbildlicht die Entwicklung und Zukunft des Afrikaans. Um zu zeigen, daß die Sprache einer kontinuierlichen Pflege bedarf, um zu gedeihen, erwächst das Element aus dem Wasser. Das Afrikaans Language Monument, ein Werk des Architekten Jan van Wijk, datiert aus dem Jahr 1975 und bietet nebenbei einen Ausblick auf das bergumstandene Becken von Paarl. Wer mehr über Ursprünge und Hintergründe des Afrikaans wissen will, besucht in Paarl das Afrikaans Language Museum; den Rahmen formt das um 1860 erbaute Gideon-Malherbe-Haus. Was die Weinproduktion anbelangt, braucht niemand eine Dürre zu fürchten. Güter wie Nederburg, Laborie und Seidelberg sind nicht nur Insidern ein Begriff. Das im Stadtgebiet gelegene KMV Wine Emporium beeindruckt alleine in Außenansicht durch seine Großlager und schenkt nicht nur reinen Wein ein; die Produktion umfaßt auch Liköre und Brandys.

Von Paarl führt ein Abstecher ins Paarl Mountain Nature Reserve mit seinen Fynbos-Beständen und Granitformationen, weiter nördlich setzen sich die Weinbaugebiete um **Wellington** fort. Zur Produktion und Vermarktung von Trockenfrüchten wurde bereits 1890 die »South African Dried Fruit Industry« in Wellington gegründet. Nordwärts geht es weiter ins Tulbagh-Tal mit Weintraubenanbau, Birnen-, Pfirsich- und Pflaumenbäumen. Entlang der Church Street in **Tulbagh** stehen 32 denkmalgeschützte Häuser Spalier, die zu den bedeutendsten historischen Zeugnissen der Kaparchitektur gehören. Hier durchstreift man ein wahres Freilichtmuseum, obgleich die Gebäude nach dem Erdbeben 1969 allesamt restauriert werden mußten; die gute alte Zeit bewahrt das Oude Kerk Volksmuseum. Die Hex River Mountains sind Begleiter an der Strecke von Tulbagh nach **Worcester**, unserer letzten Station vor der Rückkehr nach Paarl. Umzogen von Bergmassiven, liegt das Städtchen im Tal des Breede River, ein ergiebiges Terrain für den Weinbau; unter den historischen Bauten sticht die Niederländisch-Reformierte Kirche hervor. Keinen Blick für die Schönheiten von Kultur und Natur hat allerdings *Der Junge*, so der Titel der weitgehend in Worcester spielenden

Erinnerungen von J. M. Coetzee. Es ist seine eigene Kindheit, die der 1940 geborene Literaturnobelpreisträger mit einer erstaunlich analytischen Nüchternheit und in der dritten Person gleichsam aus der Distanz eines Unbeteiligten offenlegt. »Den Jungen« lernt man als Klassenprimus, Bücherwurm, sensiblen Außenseiter und unerbittlichen Beobachter kennen, für den die Gegend nichts weiter ist als tiefste, triste Provinz:

»Sie wohnen in einer Vorortsiedlung von Worcester, zwischen der Bahnlinie und der Nationalstraße. Die Straßen in der Siedlung haben Baumnamen, aber noch keine Bäume. Ihre Adresse ist: Pappelallee Nr. 12. Alle Häuser der Siedlung sind neu, und eins gleicht dem anderen. Sie stehen auf großen Grundstücken, die mit Drahtzäunen voneinander getrennt sind. Es gibt dort nur roten Lehm, auf dem nichts wächst. In jedem Hinterhof ist ein kleines Gebäude mit einem Raum und einer Toilette. Obwohl sie keinen Diener haben, heißt das bei ihnen ›das Dienstbotenzimmer‹ und ›die Dienstbotentoilette‹. Sie nutzen das Dienstbotenzimmer als Lager für Zeitungen, leere Flaschen, einen kaputten Stuhl, eine alte Kokosmatratze.

Hinten im Hof legen sie einen Geflügelauslauf an und setzen drei Hühner hinein, die Eier für sie legen sollen. Aber die Hühner gedeihen nicht. Regenwasser, das im Lehm nicht versickern kann, steht in Pfützen im Hof. Der Auslauf verwandelt sich in einen stinkenden Morast. Die Hühner entwickeln unförmige Geschwülste an den Beinen, als hätten sie Elefantiasis. Sie wirken krank und böse und hören auf zu legen. Die Mutter fragt ihre Schwester in Stellenbosch um Rat, und die sagt, sie würden erst wieder legen, wenn man ihnen die verhornten Stellen unter der Zunge herausgeschnitten habe. Seine Mutter nimmt also die Hühner eins nach dem anderen zwischen die Knie, drückt auf ihre Kiefer, bis sie die Schnäbel aufreißen, und stochert mit der Spitze eines Schälmessers unter ihren Zungen herum. Die Hühner krakeelen und kämpfen, die Augen quellen ihnen hervor. Schaudernd wendet er sich ab. Er denkt daran, wie seine Mutter ein Stück Schmorfleisch auf den Küchentisch wirft und es in Würfel schneidet; er denkt an ihre blutigen Finger.

Die nächsten Geschäfte sind eine Meile entfernt, und man kann sie nur über eine öde Eukalyptuschaussee erreichen. Da die Mutter in diesem Kasten von einem Haus in der Siedlung eingesperrt ist, bleibt ihr nichts anderes übrig als den ganzen Tag sauberzumachen und aufzuräumen. Wenn es windig ist, wirbelt feiner ockerfarbener Staub unter den Türen hindurch in die Wohnung, dringt durch die Fensterritzen, unter dem Dachgesims und durch die Deckenfugen herein. Nach einem stürmischen Tag liegt der Staub zentimeterhoch an der vorderen Hauswand.«

Außerdem wimmelt es vor Kleinstgetier:

»In Worcester gibt es Ameisen, Fliegen, eine Flohplage. Worcester liegt nur neunzig Meilen von Kapstadt entfernt, doch alles ist hier schlimmer. Über seinen Socken hat er einen Ring von Flohbissen und Narben vom Kratzen. Manchmal kann er nachts nicht schlafen, weil es so juckt. Er versteht nicht, warum sie überhaupt aus Kapstadt fortziehen mußten.«

Die positiven Aspekte halten sich eindeutig in Grenzen:

»Einer der Vorteile von Worcester, einer der Gründe, warum man hier, wie sein Vater sagt, angenehmer wohnt als in Kapstadt, ist das viel einfachere Einkaufen. Die Milch wird immer früh vor Tagesanbruch geliefert; man muß nur zum Telefonhörer greifen, und ein oder zwei Stunden später ist dann der Mann von Schochats Laden vor der Tür mit dem gewünschten Fleisch und den Lebensmitteln. So einfach ist das.«

Als Werbeikone wäre Coetzees *Junge* für Worcester sicher unbrauchbar; gegen Ende des Buches sieht man ihn erleichtert mit seiner Familie nach Kapstadt zurückziehen. Für Reisende ist und bleibt Worcester nichts weiter als eine Durchgangsstation auf der Überlandstraße N1 nach Beaufort West. Unterwegs liegt das blanke Nichts, wie der Auszug eines Reiseessays von Cees Nooteboom über Matjiesfontein belegt, doch:

»›Nichts‹ sollte ich nicht sagen, denn im Nichts kann man nicht gehen, und dennoch habe ich das getan. Zunächst folge ich den Bahngleisen. Die Schienen glänzen, und das tun sie nicht, wenn auf ihnen keine Züge mehr fahren. Und Züge fahren nicht durchs Nichts. Also streichen wir das. Und auch der Pfad, den ich nun wähle, ist konkret: trockener Boden mit harten, scharfkantigen Steinen. Einfriedungen – im Nichts würde man auch keine Zäune aufstellen. Harte, niedrigwüchsige Pflanzen und Sträucher, deren Namen ich gern wüßte, Land bis zum Horizont. Ich bin nicht der einzige, der an Nichts gedacht hat, denn nach einstündigem Fußmarsch komme ich zu einem mit Stacheldraht versperrten Tor, auf dem *Verloren Vlei* steht, Verlorencs Tal. Der Name paßt, und der *Weg* hört hier auf. Warum weicht man von seiner Route ab? Wegen seiner Geschichte. Inmitten des Nichts soll ein Dorf liegen, und in diesem Dorf ein Hotel und ein Bahnhof. Wer dorthin fährt, ist gewarnt, und darin besteht der Reiz. Das Leben ist hier vorübergehend ausgeschaltet, es gibt Leute, denen das gefällt. Dorf ist übertrieben, ein paar staubige Straßen, falls hier jemand wohnt, läßt er sich jedenfalls nicht blikken. Eine tote Tankstelle mit einer Handpumpe, *the red line indicates the exact measure*. Das Hotel ist gigantisch, es gehört in eine Großstadt. Viktorianisch, als habe man es soeben aus dem London des neunzehnten Jahrhunderts herausgerissen, ohne die dazugehörige Umgebung, unwiderruflich entschwundene Zeit, vergangene Pracht, ein Hotel als Parodie seiner selbst. Aber übernachten kann man darin. Dann wird man zur Parodie eines Gastes: ein Handelsreisender auf dem Weg zur Matjiesfontein Sausage Factory in der Logan Straat, ein bezahlter Statist in der Geschichte eines anderen Menschen. Ein verrückter Schotte hat das Hotel an diesem Ort der trockenen Luft wegen erbaut, die für Lungenkranke wie ihn gut sein soll. Es lief sehr erfolgreich. In den Hotelregistern die Namen vornehmer Gäste, Cecil Rhodes, der Sultan von Sansibar. Alles ist zweifellos wahr. *Lord Miner* steht in großen weißen Buchstaben auf dem Dach zwischen den drei quadratischen zinnenbewehrten Türmen, über denen Fahnen flattern. Über die gesamte Breite des Gebäudes eine Terrasse mit zwei hundertjährigen Zypressen, darüber eine lange Galerie mit gußeiserner Balustrade. Ich gehe hinein ins neunzehnte Jahrhundert. Meinen anachronistischen Wagen habe ich neben einem riesigen Feuerwehrauto aus vergangenen Tagen geparkt. Um zum Eingang zu gelangen, muß ich an einem hohen, vierstöckigen Springbrunnen vorbei. Es fließt kein Wasser aus ihm. In der Lobby zwei schwarzgekleidete Frauen mit weißer Schürze und weißem Spitzentuch, das zu einem merkwürdigen Türmchen auf ihrem Kopf gefaltet ist. Gleich beginnen die Dreharbeiten, ich muß nur noch schnell meinen Text lernen, ich bin der Sekretär des Enkels des Sultans von Sansibar.«

Südafrikas immense Ausdehnung beschert tatsächlich so

Gebirgskulissen um Franschhoek

manchen Leerlauf, obgleich nicht frei von unvergeßlichen Eindrücken. Die Lektüre Nootebooms mag jedoch einen leibhaftigen Abstecher von Worcester nach Matjiesfontein ersetzen.

Erneut in Paarl, brechen wir durch Berg- und Wiesengebiete zum letzten Weinstädtchen unserer Route auf: nach **Franschhoek**, dem »Franzosenwinkel«, so genannt, weil sich hier 1688 Hugenotten niederließen, die vor der Verfolgung aus Frankreich geflohen waren. Ihnen ist inmitten des hufeisenförmigen Talkessels das 1948 eingeweihte Hugenottenmonument gewidmet, in dem eine Frauenfigur mit einer Bibel in der rechten und einer gebrochenen Kette in der linken Hand die Glaubensfreiheit symbolisiert. Reben hatten die Franzosen von Beginn an im Gepäck und legten den Grundstock für eine Weinkultur nach französischem Vorbild. »Nie wurde in den vergangenen Jahrhunderten die Qualität dieser Lagen angezweifelt, nie wurde sie durch unkalkulierbare Experimente verfälscht, so daß Weine aus Franschhoek mit jeder noch so guten Lage weltweit konkurrieren«, heißt es überschwenglich in einer Presseinformation. Unbestritten ist, daß die Weinkellereien erstklassige Chardonnays, Sauvignon Blancs, Merlots, Shiraz' und Pinot Noirs produzieren. Ideale Ergänzung sind die Gourmetrestaurants. Beim Springbockfilet und einer Flasche »Backsberg Pinotage« treffen wir Privatermittler Helm Tempow wieder, der sich in D. B. Blettenbergs Krimi *Land der guten Hoffnung* im Weinland auf der Suche nach dem Kriminellen Timothy Butler befindet. Im Restaurant verschafft er sich einen ersten Eindruck von Stan Wishbone, dessen Job als Oberkellner sich später als Tarnung herausstellen soll:

»Während ich Wishbone über Essen und Wein gar nicht

aus den Augen verlieren konnte, hing ich meinen ersten Eindrücken von Franschhoek nach. Ein Spaziergang hatte mir die Überschaubarkeit des Ortes vor Augen geführt. Ruhige Wohnviertel, in denen neue und alte Häuschen im Bungalowstil, meist im Schatten üppiger Gärten, standen, wurden entlang der Hauptstraße von einer Sammlung aus Galerien, Läden mit Kunsthandwerk und Cafés ergänzt. Nicht zu vergessen die Büros der Immobilienmakler und die zahlreichen und oft stilvollen Gasthäuser und Restaurants. Aber auch die üblichen Versorgungsposten des Konsums wie Bankfiliale, Tankstelle, Bau- und Supermarkt, sowie die Kramläden einiger Gemischtwarenhändler, gruppierten sich eng zusammengeballt im Zentrum und störten mit ihrer funktionalen Hässlichkeit das Idyll. Unvergleichlich war hingegen die Lage der Gemeinde. Die grünen Auen und Hänge der Umgebung erinnerten an deutsche Mittelgebirge oder das Allgäu, das gezackte Massiv hingegen an die Dolomiten der Südalpen. Am frühen Abend hatte die untergehende Sonne die Felsen erst in Rot, dann in Violett getaucht, bevor die Landschaft, in matte Pastellfarben gehüllt, in die Dämmerung glitt und erste zarte Wolkenschleier, weiß wie Tischtücher, über die Gipfel krochen und tiefer ins Tal schwebten.

›Dessert, Sir?‹

Stan Wishbones sonore Stimme holte mich ins Jetzt zurück.«

Dieses »Jetzt« wird für Tempow im Laufe der Handlung immer undurchsichtiger. Plötzlich ist Timothy Butler tot, doch der in Tempow geweckte Ehrgeiz größer als die Furcht vor Gefahren. Mit der psychisch labilen Rena, einst Geiselopfer der Lösegelderpressung, an der Butler beteiligt war, hat Tempow unfreiwillig eine Begleiterin an seiner Seite und gerät ins Fadenkreuz eines doppelten Spiels um Lügengebilde und dunkle Schatten aus der Ära der Apartheid. Es stellt sich heraus, daß der Bandenkopf Marius Bertrand, der Rena während der Geiselhaft schwängerte und nach wie vor Faszination auf sie ausübt, weit mehr zu verbergen hat, als jedermann glaubt. Auf einer nächtlichen Fahrt zwischen Villiersdorp und Paarl, nicht weit vor Franschhoek am Rand der waldreichen Bergländer des Hottentots-Holland Nature Reserve, müssen Tempow und Rena einer mysteriösen Umleitung folgen und werden erwartet:

»Der Stausee lag gerade hinter uns, und die Steigung, die in engen Kurven durch die kargen Berghänge zum Paß hinaufführte, begann, als ich weiter voraus die ruhig flackernden Warnlichter eines geparkten Streifenwagens erkennen konnte.

Die nächste Kurve nahm mir wieder die Sicht. Ich dachte an einen Unfall und fuhr langsamer. Während ich mich dem Polizeifahrzeug vorsichtig näherte, stiegen zwei Uniformierte aus und bauten eine provisorische Straßensperre auf.

›Was ist los?‹ fragte Rena mich eher teilnahmslos.

›Scheint irgendwo weiter oben ein Unfall passiert zu sein, der die Strecke blockiert.‹

Einer der Uniformierten winkte uns mit dem Strahl seiner Taschenlampe von der Hauptstraße auf eine schmale Asphaltpiste weiter, auf die das Umleitungsschild verwies. Ich hielt an und öffnete das Seitenfenster. Bevor ich fragen konnte, gab mir der Polizist freundlich, aber bestimmt Auskunft.

›Der Franschhoek-Pass ist gesperrt. Folgen Sie diesem Weg. Er führt Sie zur R321 und dann zur N2.‹

›Ich muss nach Paarl.‹

Hugenottenmonument von Franschhoek

›Nehmen Sie die N2 Richtung Somerset West, dann sehen Sie schon bald die Wegweiser nach Stellenbosch und weiter nach Paarl.‹

Was blieb mir anderes übrig, als mich bei ihm zu bedanken und der Umleitung zu folgen. Sie führte zwischen den Ausläufern des Stausees und der Bergkette nach Südwesten. Schon nach einem halben Kilometer ging die schmale Asphaltdecke in eine Staubpiste über, die mir ein noch langsameres Tempo aufzwang. Schlaglöcher brachten die Scheinwerferstrahlen zum Tanzen. Es dauerte keinen weiteren Kilometer, und der Weg endete auf einem Ausflugsrastplatz über dem See. Eine Umleitung ins Nichts. Über uns nur Mond und Sterne. Um uns herum vereinzelte Bäume und Sträucher.

›Du hast wohl unterwegs ein Schild übersehen‹, sagte Rena.

›Da war kein Schild.‹

›Bist du sicher?‹

›Ganz sicher. So langsam wie wir durch die Landschaft geschlichen sind, hätte ich es nicht verpassen können.‹

Ich schaltete Licht und Zündung aus. Der Motor verstummte, und ich stieg aus. Rena öffnete die Beifahrertür einen Spalt breit, blieb jedoch sitzen, während ich mich umsah. Eine Feuerstelle zum Grillen, ein mit Ried gedecktes Schutzdach auf Holzstelzen über einem rustikalen Tisch mit klobigen Sitzbänken, mehrere Abfallkörbe – und die Kontur eines großen Mannes, der regungslos am Ufer stand.«

Wie sich der Strudel aus unvorhersehbaren Wendungen in Blettenbergs Krimi auflöst, sei nicht verraten. Wie es in diesem Reisebegleiter weitergeht, schon: In Paarl werfen wir einen letzten Blick auf die Rosenstöcke am Hugenottendenkmal und auf den Friedhof mit den niederländisch, französisch und deutsch klingenden Namen auf den Grabsteinen, ehe wir uns weiter südlich der Gartenroute zuwenden.

DIE GARTENROUTE UND DER WEITE SÜDEN –
VON KAPSTADT NACH DURBAN

Weit geschwungene Buchten, Dünen und Strände, Wild-reservate und das Zusammenspiel von Bergen und Wasser verführen zu Entdeckungen in Südafrikas weitem Süden, in den sich die magisch klingende **Gartenroute** fügt, so genannt, da die Erde dort schon in alten Zeiten besonders frucht-bar war. Allerdings ist die »Garden Route« kein geschütz-ter Begriff, was zu unterschiedlichen Definitionen und geo-graphischen Ansätzen führt. Manche beschränken sie auf die Küstengegend zwischen Mossel Bay und Storms River, andere dehnen sie sogar von Kapstadt bis Plettenberg Bay aus, um die Wale und den berühmten Walbeobachtungs-Spot Hermanus mit ins Boot zu nehmen. Wie dem auch sei – der Abwechslungsreichtum der Küste und ihres ge-birgigen Hinterlands braucht im Grunde kein künstliches Namensprädikat. Hauptverkehrsweg durch den Süden ist die N2, die wechselweise küstennah oder weiter im Inland verläuft.

Abseits der N2 führt unser Weg zu Beginn an die Wal-ker Bay nach **Hermanus**, das bekannteste Küstenstädtchen der Region Overberg und eine der weltweit besten Desti-nationen für die Walbeobachtung von Land aus. Zwischen Mai und Dezember – mit dem Höhepunkt im September und Oktober – avanciert die Küste zum Tummelplatz zahl-reicher Glattwale, die in den Küstengewässern spielen, sich paaren und ein Jahr später den Nachwuchs zur Welt brin-gen. Erwartungsvoll und geduldig harren Besucher – je nach Andrang in mehreren Reihen – über den Felsen aus, um schließlich unter »Aahs« und »Oohs« und dem begeisterten Ausruf »Da bläst er!« einen kleinen Ausschnitt des Naturschauspiels mitzuerleben. Wie auf einer Großleinwand tauchen die Meeressäuger irgendwo vor den Klippen auf und wuchten manchmal ihre gesamten durchschnittlich 40 Tonnen aus den Fluten. Einst zu Zehntausenden von den Walfängern harpuniert, macht ihnen die Präsenz des Menschen heute nichts aus. Für die Hauptfigur in *Der Walrufer*, einem Roman des Südafrikaners Zakes Mda (*1948), ist der Anblick Gewohnheit. Seine Zuneigung gilt dabei alljährlich dem Glattwalweibchen Sharisha. Sehnsüchtig, fast blind vor Verlangen, erwartet er sie:

»Der Walrufer bahnt sich einen Weg durch die feiernde Menge und geht schnell zu einer hohen Klippe über der See. Am Horizont erblickt er einen Fleck, den er sofort als Wal erkennt. Das könnte Sharisha sein. Aus dieser Entfernung hört es sich wie Sharishas Gesang an. Er flucht, dass er sie nicht angemessen in seinem neuen Smoking begrüßen kann. Aber er hat keine Zeit mehr, zurückzugehen und sich umzuziehen.

Er bläst in sein Horn, und der Wal antwortet. Ein schwermütiger Klang, getragen von den Wellen, die ans Ufer eilen, bis sie gegen die Felsen am Fuß der Walruferklippe schlagen und zu weißer Gischt werden. Der Wal kommt näher, und langsam kann man seine Gestalt erkennen. Geduldig wartet der Walrufer und bläst zur Antwort auf den Walgesang ab und zu ins Horn. Eine Gruppe neugieriger Touristen sammelt sich hinter ihm. Doch sosehr sich der Walrufer auch anstrengt, am Körper des Wales lassen sich keine Schwielen erkennen. Stattdessen bemerkt er die sehr langen Flossen und eine schmale Rückenflosse, die sehr weit hinten auf dem Leib sitzt. Langsam zweifelt er an der Identität des Wales. Schon bald bestätigen sich seine Zwei-

Strandweiten bei Die Dam

fel: Der Wal bläst eine fast drei Meter hohe, birnenförmige Fontäne. Das kann nicht Sharisha sein. Das ist überhaupt kein südlicher Glattwal, sondern ein Buckelwal. Die Rückenflosse ist ein weiteres Erkennungszeichen. Es handelt sich um einen männlichen Buckelwal, der Walrufer schätzt seine Länge auf fast fünfzehn Meter. Er verläßt die Klippe und schilt sich selbst aus, auf diesen hinterlistigen Buckelwal wütend zu sein. Er sollte lieber wütend auf Sharisha sein. Der Buckelwal hat nur seinen Gesang angestimmt, wie das Buckelwalmännchen eben tun, auch wenn sie meist bei Nacht singen und während der Paarungszeit ständig neue Melodien erfinden. Dieser Buckelwal hat schon recht früh am Tag mit seinem Gesang begonnen, vielleicht übt er für die nächtlichen Paarungsrituale. Und eigentlich ist der Wal auch gar nicht hinterlistig; Sharisha ist doch in diesem Falle die Betrügerin. Nachdem der Walrufer bemerkt hatte, dass die Buckelwale bessere Sänger sind als die südlichen Glattwale, hatte er Sharisha beigebracht, wie ein Buckelwal zu singen. Der Walrufer sollte eigentlich wütend auf sich selbst sein, nicht auf den liebestollen Buckelwal. Und auch nicht auf Sharisha.«

Endlich ist es soweit:

»Der Walrufer geht auf seine Halbinsel. Er steht auf dem höchsten Felsblock und bläst in sein Horn. Die Wale merken sofort auf. Sie blasen die Luft durch ihre Atemlöcher stärker ab als sonst. Der Walrufer stößt noch lauter in sein Horn und spielt Sharishas eigenes Lied. Etwa hundert Meter entfernt springt ein riesiger Glattwal aus dem Wasser. Er schießt in die Luft und kracht dann mit donnerndem Getöse wieder aufs Wasser. Als der Kopf des Tieres wieder auftaucht, rast dem Walrufer das Herz in der Brust wie eine verrückt gewordene Trommel, denn er erkennt die wohlgeformte Mütze auf der Schnauze. Weiß wie Salz. Der Walrufer keucht, als er die Schwielen auf dem Kopf sieht, die ebenfalls weiß wie große Salzkristalle sind, nicht rosa oder orange wie bei den anderen Walen. Sie sind genauso geformt wie die Three Sisters Hills in der Karoo. Der Walrufer bläst aufgeregt in sein Horn, und der Wal reißt sein Maul weit auf und zeigt die weißen Barten. Sie sind nicht dunkel wie bei den anderen Walen. Dieses Lächeln kennt der Walrufer gut. Sharishas meerschaumweißes Lächeln! Wieder springt sie in die Luft und lässt sich donnernd ins Wasser fallen. All dies führt sie im Takt zu ihrem besonderen Lied auf, das der Walrufer unablässig bläst.

Der Walrufer stimmt eine andere Melodie an, und Sharisha beendet ihre Luftschau. Sie schwimmt sanft im Kreis, und der Rücken ihres vierzehn Meter langen Körpers glänzt schwarz. Der Rest des Körpers ist grau, ihre Haut glatt. Sie pustet weißen Dampf aus dem doppelten Blasloch oben auf dem Kopf, und die Fontäne steigt in makelloser V-Form fünf Meter in die Höhe. Dann legt sie sich seitlich aufs Wasser und schlägt mit der Schwanzflosse, was zum Paarungsritual gehört. Sie schlägt mehrmals mit der Schwanzflosse auf das Wasser und macht dabei laut schmatzende Geräusche, die den Walrufer derart erregen, dass er immer stärker keuchen muss. Er bläst ins Horn und schreit wie unter Schmerzen. Er ist schweißgebadet, und sein Horn gibt Töne von sich, die von tiefem Stakkato bis zu hohem Klagen reichen. Sharisha stößt einen ganz tiefen, hohlen Ton aus, ein lang anhaltendes, schmerzhaftes Brüllen. Dann manövriert sie sich mit ihren Flossen vom Walrufer weg. Atemlos schaut er zu, wie sie mit den Flossen winkt und davonschwimmt.

Als der Walrufer die Halbinsel verlässt, ist er wie neu geboren.«

Bei anderer Gelegenheit tanzt sich der Walrufer mit Sharisha in eine stundenlange Trance:

»Sharisha und der Walrufer setzten ihren Tanz ungestört fort. Tief in der Nacht konnte man das Klagen seines Horns hören, das manchmal klang wie ein gedämpftes Kornett, manchmal wie ein Zapfenstreich, um dann wieder in den schnellen Scat eines durchgedrehten Jazzsängers überzugehen. In der kühlen Nachtluft und ohne Zuschauer wurde der Tanz immer ungestümer. Der Klang des Horns drang tief in jede Öffnung des Walleibes, so als suche er in all dem Fett nach der Seele.

Auch am nächsten Morgen ging der Tanz noch weiter. Die Zuschauer kehrten zurück und fanden den Walrufer ganz in Schweiß gebadet vor. Sein Horn und Sharisha stöhnten dumpf wie verstimmte Tubas. Beide waren atemlos, und der Tanz schien langsam auszuklingen.

Es war fast Mittag, als Sharisha mit den Flossen winkte und davonsegelte und der Walrufer seine Schritte wieder ans Ufer lenkte. Die Menschenmenge johlte, schrie, pfiff und applaudierte. Kaum erreichte der Walrufer das Ufer, fiel er völlig erschöpft zu Boden.«

Mdas Roman lebt von einem magischen Zauber, seinem einfühlsamen Erzählton und einer ungewöhnlichen Dreiecksbeziehung – denn neben Sharisha tritt mit der Trinkerin Saluni ein echtes weibliches Wesen in das Leben des Walrufers. Saluni, für die der Glattwal nichts weiter ist als ein »häßlicher Fisch«, fühlt sich von Eifersucht zerrissen und entwickelt bizarre Strategien, um Sharisha zum Abzug zu bewegen. »Der Fisch oder ich«, sagt sie, nicht ahnend, daß eine Kette tragischer Ereignisse bevorsteht.

In Hermanus spielt auch eine Szene in D. B. Blettenbergs Krimi *Land der guten Hoffnung*. Privatermittler Helm Tempow steht kurz davor, den lange gesuchten Kriminellen Timothy Butler zu treffen:

»Ich stellte meinen Wagen im Ortskern ab und ging zum Kliff über der Walker Bay. Schon die Anzahl und Größe der Parkplätze betonte die Bedeutung der Attraktion. Busladungen von Besuchern waren eingeplant, aber auch Ortsansässige fanden sich nach Feierabend ein, um das Schauspiel zu genießen. Die Menge starrte bloßen Auges oder durch Ferngläser auf das glasklare Küstenwasser, in dem sich, in nächster Nähe zum Ufer, mehrere Wale mit ihren Kälbern tummelten. Ab und zu blies eines der Tiere, und die Zuschauer jauchzten und klatschten Beifall. Kenntnisreiche Führer hielten ihren Reisegruppen sachkundige Vorträge, und in der halben Stunde, die ich dem Schauspiel folgte, bekam ich genug mit, um mir bescheidene Grundkenntnisse anzueignen. Angeblich übertrug sogar ein Unterwassermikrophon die Gesänge der Wale live in den Audioraum des Old Harbour Museums. Die Tiere standen überhaupt hoch im Kurs. In südafrikanischen Gewässern, so bekam ich mit, durfte man sich einem Wal nicht auf weniger als dreihundert Meter nähern, ohne eine drastische Bestrafung zu riskieren.

Als ich einen Blick auf die große Schautafel mit Abbildungen diverser Spezies warf, hörte ich unmittelbar hinter mir eine Stimme, die mir vertraut war.

›Danke, dass Sie pünktlich sind.‹

Ich drehte mich um. Stan Wishbone trug Safari-Khaki, leichte Gummistiefel und eine Anglermütze mit langem Schirm.

›Kommen Sie. Und bitte keine Fragen.‹

Ich folgte ihm über die Klippen und zum Ufer hinunter, bis wir eine kleine Landungsbrücke erreichten und in ein offenes Boot sprangen. Routiniert bediente Wishbone Leinen und Außenbordmotor und steuerte das Boot bei unruhiger See und stets in Ufernähe eine halbe Stunde die Küste entlang. Der Motor röhrte, und Wishbone gab sich wortkarg.«

Wer auf welcher Seite sein doppeltes Spiel und welche Rolle der seltsame Stan Wishbone dabei spielt, durchschaut Tempow erst später – als Timothy Butler längst tot ist. Quicklebendig dagegen geht es in Hermanus zu, das sich mit dutzenden Gasthäusern und *Bed & Breakfasts* touristisch bestens auf Walbeobachter und andere Ausflügler eingestellt hat. An der Hauptstraße reihen sich Restaurants auf, es gibt Boutiquen, Geschenkartikelläden, Immobilienbüros, Fast-food-Restaurants, Kunstgalerien und Internetcafés, Banken, den gedrungenen Turm der Saint Peter's Church; umliegende Strände wie Onrus und Langbaai werden gerne von Familien mit Kindern aufgesucht. Auf den Walrufer aus Zakes Mdas Roman wirkt der Wandel vom Hafenort zum Urlaubs- und Neusiedlerstädtchen allerdings befremdlich:

»Entlang der Küste standen neue Häuser, meist weiße Landhäuser und Bungalows mit roten oder schwarzen Ziegeldächern, andere mit Schilf gedeckt, das schon schwarz geworden war, und es gab auch zwei- und dreigeschossige Häuser. Viele davon gehörten reichen Leuten, sogar aus Johannesburg, wie er erfuhr, die einen Teil des Jahres in der entspannten Atmosphäre des Dorfes verbrachten und ihren Reichtum genossen. Andere Häuser gehörten Millionären im Ruhestand, die beschlossen hatten, ganz hier zu leben. Für einen Normalbürger war es unmöglich geworden, im Paradies seiner Kindheit Grundbesitz zu erwerben.«

Die Villen um Hermanus – mit Hibiskus und Palmen in den Gärten – beweisen wirklich Geld und Geschmack. Einzig die Schilder der Wachdienste wollen einmal mehr nicht ins Bild passen. »Armed response« steht wie andernorts auf den Schildern, die potenzielle Langfinger abschrecken sollen.

Ein Inlandsschlenker führt uns ab Hermanus über Stanford zurück an die Küste um Gansbaai und Kleinbaai. Unterwegs sehen wir Pferdeweiden, Abzweigungen zu Farmen und in die Berge. Kurz vor Gansbaai öffnet sich in Richtung Kapstadt ein traumhaftes Panorama aus Landspitzen, die einen stillen Wettbewerb um das weiteste Hineinstechen in den Ozean auszufechten scheinen. Neben den Walen tummeln sich auch die Könige der Seebestien vor der Küste: Weiße Haie. Das Haitauchen – in Form organisierter Ausfahrten mit Ködern und Haikäfigen – verheißt Nervenkitzel, auch bei Linda Roloff und ihrem Geliebten Alan, die in Edi Grafs Roman *Elefantengold* zwei mysteriösen Todesfällen auf der Spur sind. Shark-Watching-Anbieter Ian Haynes, der sich als wichtiger Zeuge erwiesen hat, lädt sie zu einer Privattour ein:

»Es war wenig los im Hafen von Kleinbaai an jenem Morgen. Trübe hingen die Wolken über dem Shark Alley Kanal, grau und trist ragten die Felsen von Dyer Island aus dem Wasser und weit draußen am Horizont waren verschwommen die Umrisse des Geyser Rock zu erkennen, wo sich die Robbenkolonie angesiedelt hatte, derentwegen sich die Weißen Haie in so großer Anzahl vor dieser Küste herumtrieben.

Das Meer wogte und brodelte, der kalte Frühjahrssturm

der vergangenen Nacht hatte sich zwar gelegt, aber noch war der Atlantik aufgewühlt und zumindest in Küstennähe lud das graugrüne Wasser nicht gerade zu einem Tauchgang ein.

Linda hatte sich ihre dicke Windjacke übergezogen und stand fröstelnd neben Alan am Kai, wo mehrere Boote, mit lächerlich kleinen Haikäfigen im Heck, auf Anhängern an Land standen und offensichtlich auf ihre Besatzungen warteten.

›Die knackt so ein Hai doch mit einem Biß‹, sagte Linda und strich mit den Fingern über die nicht mal zentimeterdicken Stäbe eines Haikäfigs. ›Ich habe mir die schon etwas stabiler vorgestellt, zumindest aus Stahl mit richtig dicken Stangen, so wie im Film‹, meinte sie.

›Ian wird schon wissen, was er mit uns macht‹, beruhigte sie Alan. ›Außerdem mußt du ja nicht ins Wasser.‹«

Im Verlauf der Tour wird Linda der Verlockung des Abenteuers nicht widerstehen können, aber irgendwer hat die Gitter des Haikäfigs manipuliert. Sie entkommt nur knapp dem Tod. Zurück an Land, wird Ian Haynes kurz darauf Opfer eines Giftmords. Abseits des Romangeschehens herrschen reale Gefahren in der brodelnden See um den **Danger Point**. Dort sind schon zahlreiche Schiffe gesunken, darunter 1852 die *Birkenhead* auf ihrer Fahrt von Simon's Town nach East London; von den 634 Menschen an Bord ertranken mehr als zwei Drittel.

Im Kontrast zu rauhen Küstenansichten stehen weiter südöstlich die Strände und windgemaserten Dünen um Pearly Beach, Buffeljags Bay und Die Dam. In der Luft hängt Möwengeschrei, Kormorane breiten auf Felsnasen ihre Schwingen zum Trocknen aus, und mit etwas Glück bekommt man Pinguine zu Gesicht. In der Ferne verliert sich

Links der Indische Ozean, rechts der Atlantik – Bodenhinweistafel
am Kap Agulhas

Kap Agulhas, Afrikas sagenumwobene Südspitze. Kiefern, Eukalyptushaine, Schaf- und Kuhweiden säumen die Anfahrt. Kurz vor dem »Straußenbucht«-Ort Struisbaai tauchen tatsächlich ein paar Strauße auf, wenig später kündigt sich L'Agulhas als »südlichste Stadt Afrikas« an, wobei der Terminus *Stadt* übertrieben scheint. Eine Bucht mit Felsbrocken bildet das Vorspiel zum rauhen *Land's End* des Kontinents, dem »Nadelkap« Agulhas, vor dem der 1849 erbaute Leuchtturm aufragt und ein Schild die Trennungslinie zwischen Atlantik und Indischem Ozean absteckt (die andere gleichermaßen am Kap der Guten Hoffnung ansetzen). Nicht selten verdüstert sich der Himmel, die schneidenden Winde treiben Wolkenmassen vor sich her, um Felsnasen und -zacken brandet wilder Wellengang. Nicht immer wirkt die Szenerie am Kap dabei so dramatisch, wie der Besuch von Cees Nooteboom zeigt:

»Am Tag, als ich Kap Agulhas besuche, ist es ruhig. Ich sitze friedlich da und blicke in Richtung des unsichtbaren Südpols, zusammen mit einer rührend kleinen weißen Möwe mit schwarzen Oberflügeldecken, die auf einer hauchdünnen Felsenspitze das Kap bewacht, und gemeinsam lauschen wir einem Idioten, der sich das dramatische Ende eines Kontinents dazu ausgesucht hat, mit seinem Mobiltelefon die Stille zu stören. Weiße riffartige Felsen, die wie gemeine Zähne aus dem Wasser ragen, so sieht das Ende Afrikas aus, und plötzlich habe ich das Gefühl, diesen ganzen unruhigen Erdteil im Rücken zu haben, mit Darfur und dem Tschad, den Stammeskämpfen in Kenia und dem Krieg im Kongo, den Pyramiden und dem Kilimandscharo, dem Urwald und den Wüsten. Das Meer vor mir ist grün, wenngleich nicht wie Smaragd, *U is nou op die mees suidelike punt van die Kaap* (Sie befinden sich jetzt am südlichsten Punkt des Kaps), steht da, doch als ich später auf einem alten vergilbten Globus den nördlichsten Punkt suche, sehe ich, daß er in der Nähe des früheren Karthago liegen muß, wo Afrika Sizilien küßt und von wo aus Hannibal einst aufbrach, eine Welt zu erobern, die auf dieser Erdkugel neben dem gewaltigen Koloß Afrika plötzlich sehr klein und nichtig aussieht.«

Flaches Farmland prägt die Weiterfahrt nach Bredasdorp (Schiffswrackmuseum), wo sich ein neuerlicher Küstenabstecher ins idyllische Arniston (auf Afrikaans: Waenhuiskrans) anbietet. Nördlich von Bredasdorp wellen Wiesen- und Weidehügel auf die N2 zu und weiter nach **Swellendam**. Die Bergwelt der Langeberg Mountains drängt an die freundliche Kleinstadt heran, die ihre Gründung 1745 durch die Niederländische Ostindien-Kompanie erlebte und 1911 ihre Niederländisch-Reformierte Kirche erhielt. Wirtschaftliche Stützpfeiler sind Landwirtschaft und Tourismus, einen längeren Aufenthalt rechtfertigt Swellendam jedoch nicht. Für Naturfreunde auf der Suche nach Buntbock-Antilopen und kleineren Beständen an Kap-Zebras sind Ausflüge interessanter: in den kleinen Nationalpark Bontebok und küstenwärts ins De Hoop Nature Reserve, wo weitere Walbeobachtungen möglich sind. Wanderer zieht es in die Langeberg Mountains zu reichen Beständen an Fynbos und Wildblumen im Marloth Nature Reserve.

In Swellenberg und Umgebung spielen die Schlußszenen von Deon Meyers Krimi *Der Atem des Jägers*. Mittlerweile ist Carla, die Tochter des Polizisten Benny Griessel, von Mitgliedern eines Drogenkartells entführt worden. Zusammen mit Thobela Mpayipheli, der in Selbstjustiz mit einem Assegai-Kampfspeer mehrere Kinderschänder und den Drogenchef Carlos getötet hat, schließt er sich zu einer Zweckgemeinschaft zusammen. Per Handy werden die beiden zum Treffpunkt gelotst:

»Sie bogen von der N2 ab und fuhren nach Swellendam hinein. Mitten in der Stadt befand sich eine Tankstelle, verlassen um diese Zeit.

Als Griessel ausstieg, sah Thobela, daß er die Z88 nicht in der Hand hielt. Er stieg ebenfalls aus. Seine Beine waren steif, seine Schultermuskeln verkrampft. Er streckte die Glieder, spürte die Erschöpfung, seine rotbrennenden Augen.

Griessel ließ den Nissan volltanken. Dann trat er neben Thobela, er sagte nichts, schaute ihn nur an. Der Weiße sah fertig aus. Schatten unter den Augen, tiefe Furchen im Gesicht.

›Die Nacht ist zu lang‹, sagte er zu Griessel.

Der Detective nickte. ›Es ist fast vorbei.‹

Thobela nickte zurück.

›Ich wollte ihnen sagen, daß wir Khoza und Ramphele haben‹, sagte Griessel.

›Wo?‹

›Die beiden wurden gestern abend in Midrand verhaftet.‹

›Warum erzählen Sie mir das?‹

›Ganz egal, was heute nacht passiert, ich werde dafür sorgen, daß sie nicht wieder davonkommen.‹ «

Die Dramatik steigert sich:

»Griessels Handy klingelte. Er ging ran und sagte: ›Ja . . . ja . . . sechs Kilometer . . . Okay.‹ Dann hörte Thobela ihn sagen: ›Ich will ihre Stimme hören.‹

Schweigen auf der Straße in Swellendam. ›Carla‹, sagte Griessel. Thobela hatte das Gefühl, eine Hand drückte sein Herz zusammen, weil so entsetzlich viel Gefühl in der Stimme des Weißen lag, als er sagte: ›Daddy kommt dich holen, hörst du? Daddy kommt dich holen.‹«

In Swellendam folgen sie den letzten telefonischen Anweisungen: südostwärts Richtung Kap Infanta nach Witsand in eine vorbereitete Falle:

»Die Lichter Witsands glitzerten am Breede River linker Hand.

›Er sagt, wir sollen am Straßenschild links abbiegen.‹

Er wurde noch langsamer, entdeckte ein Schild mit der Aufschrift *Kabeljoubank*. Er blinkte und bog ab. Die Straße, schmal zwischen zwei Grenzzäunen, führte hinunter zum Fluß. Im Rückspiegel sah er den Pajero hinter ihnen.

›Ganz ruhig?‹ fragte Thobela den Detective.

›Ja.‹

Er spürte das Kribbeln in sich, jetzt waren sie nah dran.

Im Scheinwerferlicht sah er drei, vier Boote auf Hängern. Zwei Autos. Einen Minibus und einen Bakkie. Leute. Er blieb hundert Meter von den Fahrzeugen entfernt stehen, drehte den Schlüssel, und der Motor des Nissans ging aus. Absichtlich ließ er die Scheinwerfer an.

›Steigen Sie aus und verstecken Sie Ihre Pistole‹, sagte er und griff nach dem Assegai, schob es hinter seinen Hals, unter sein Hemd. Im Auto war kaum genug Platz, der Winkel war zu steil. Er hörte, wie die Klinge den Stoff seines Hemdes zerriß, spürte die Eiskälte des Metalls an seinem Rücken. Besser ging's nicht. Er öffnete die Tür und stieg aus. Griessel stieg auf der anderen Seite des Nissans aus.

Vier Männer näherten sich vom Minibus her – einer war groß und breit, deutlich größer als die anderen. Der Pajero hielt hinter ihnen. Thobela stand neben dem Wagen, vier vor, zwei hinter ihnen. Er hörte ihre Schritte auf dem Kies, roch den Staub, den Fluß und den Fisch auf den Booten, hörte die Wellen des Meeres. Er bemerkte, wie steif sein Körper war, aber die Müdigkeit war verflogen, seine Arterien waren voll Adrenalin. Die Welt schien in Zeitlupe abzulaufen, als gäbe es mehr Zeit zum Denken und Handeln.

Das Quartett kam auf ihn zu. Der Große betrachtete ihn von oben bis unten.

›Du bist der Speermann‹, sagte er, als würde er ihn wiedererkennen. Er war so groß wie Thobela, mit schwarzem glattem Haar bis zu seinen breiten Schultern. Er trug keine Waffe. Die anderen hatten Maschinenpistolen.

›Wo ist meine Tochter?‹ fragte Griessel.

›Ich bin der Speermann‹, sagte Thobela. Er wollte die Aufmerksamkeit auf sich konzentrieren; er wußte nicht, wie stabil Griessel war.

›Mein Name ist César Sangrenegra. Du hast meinen Bruder getötet.‹

›Ja. Ich habe deinen Bruder getötet. Du kannst mich haben. Laß das Mädchen und den Polizisten gehen.‹«

Östlich von Swellendam zerfließt die Natur zwischen Weiden und Senken in allen nur erdenklichen Grüntönen. Heidelberg, Riversdale und Albertinia heißen die Durchgangsstädtchen bis Mossel Bay. Die Küste rückt näher, während sich im Inland die Berge in Stufen aufschichten. Felder- und Wiesenteppiche liegen ausgebreitet da, es riecht nach Kiefern und Eukalyptus, in der Viehzucht halten sich Schafe, Rinder und Strauße die Waage. Nach den ländlichen Kontrasten zwischen Wiesengrün und blauer See wirkt **Mossel Bay** mit seinen Wohnghettos und Industrieanlagen zunächst wenig erbaulich, doch spätestens an den 24 Kilometern Gemeindestränden ändert sich das Panorama. Nahe dem Hafenbecken erinnert der Dias Museum

Complex an die Landung des Bartolomeu Dias (abweichende Schreibweise: Diaz). Ein kreuzgekröntes Monument zeigt den portugiesischen Seefahrer, der am 3. Februar 1488, dem Tag des heiligen Blasius, als erster Europäer seinen Fuß in der Mossel Bay an Land setzte. Das Schiff, mit dem er Anfang November 1487 aus Lissabon ausgelaufen war und das Kap der Guten Hoffnung umsegelte, ist als originalgetreue Replik im Museum zu sehen. Welch eine spartanische Minimaleinrichtung für Mannschaft und Kapitän, welch eine Nußschale von 23,5 Metern Länge! Um so höher darf die nautische Meisterleistung von Dias und den Seinen beurteilt werden. Der Rundgang durch die Außenanlagen führt an den legendären Post Office Tree, jenen »Postbaum«, an dem ein anderer portugiesischer Seefahrer, Pedro de Ataide, laut Überlieferung die erste Nachricht – mutmaßlich gebettet in einen ausrangierten Schuh – hinterlassen haben soll. Glücklicher Finder und Erstleser war 1501 der Schiffskommandant João da Nova. Ob es sich bei dem Postbaum wirklich um den erhaltenen Milkwood Tree (Milchsapote) handelt, der im Museumskomplex sein knorriges Astwerk ausbreitet, sei dahingestellt, doch die Hinterlegung von Post hat bis heute Tradition. Briefe und Karten an die Lieben daheim kommen in eine Postbox neueren Datums und werden mit einem Sonderstempel versehen. Ein Blick in die Vergangenheit zeigt, daß ein gutes Jahrzehnt nach Dias' Pioniertat auch Vasco da Gama dreizehn Tage lang in der »Muschelbucht« Mossel Bay ankerte. Der Augenzeugenbericht eines anonym gebliebenen Reiseteilnehmers zeigt die Begegnung zweier Kulturen gegen Ende des Jahres 1497. »Es näherten sich uns ungefähr neunzig Schwarze«, so heißt es, bei denen es sich um Khoi Khoi gehandelt haben dürfte. Und weiter:

»Ein Teil von ihnen kam herunter an den Strand, ein Teil von ihnen blieb auf den Anhöhen. Wir waren um diese Zeit gerade alle, oder doch der größte Teil von uns, auf dem Schiff des Kommandanten, und als wir sie sahen, fuhren wir mit den Booten, die wir gut bewaffnet hatten, zum Land. Und als wir dem Ufer nahe kamen, warf ihnen der Kommandant Schellen hinaus ans Ufer, und sie hoben diese auf und nahmen nicht nur die, die man ihnen zuwarf, sondern sie kamen sogar danach gelaufen und nahmen sie aus der Hand des Kommandanten, worüber wir uns sehr wunderten. Denn als Bartolomeu Diaz hier war, flohen sie vor ihm und nahmen nichts von dem, was er ihnen schenken wollte; vielmehr, eines Tages, als sie an einem vortrefflichen Wasserplatz, der hier nahe an der Küste liegt, Wasser einnahmen, hatten sie ihn von der Spitze eines Hügels über diesem Wasserplatz mit Steinwürfen daran zu hindern gesucht, und Bartolomeu Diaz ließ mit einer Armbrust auf sie schießen und tötete einen von ihnen. Und welchem Umstand wir es zuschrieben, daß sie nicht flohen? Weil sie, wie uns schien, Nachrichten von der S.-Helena-Bucht hatten, wo wir zuerst an Land gegangen waren – vom einen Land zum anderen sind es nur sechzig Léguas –, daß wir Leute seien, die niemandem etwas Böses zufügten, sondern eher etwas von unserer Habe verschenkten. Der Kommandant wollte an dieser Stelle nicht an Land gehen, weil dort, wo die Eingeborenen sich aufhielten, ein dichtes Gehölz war. Er wechselte den Ort, und wir ankerten an einer anderen offenen Stelle, dort stieg er aus, und wir machten den Negern Zeichen, zu uns herüberzukommen, und sie kamen auch. Der Kommandant und die übrigen Kapitäne gingen mit der bewaffneten Mannschaft, unter der auch einige Armbrustschützen wa-

Denkmal für Bartolomeu Dias, Mossel Bay

ren, an Land. Der Kommandant bedeutete den Eingeborenen durch Zeichen, sie sollten sich aufteilen und einzeln oder zu zweit herankommen. Und denen, die kamen, gab der Kommandant Schellen und rote Mützen, und sie gaben uns Ringe von Elfenbein, die sie an den Armen trugen. Denn es gibt in diesem Lande offensichtlich viele Elefanten, und wir fanden auch die Spuren ihrer Verwüstung in der Nähe des Wasserplatzes, zu dem sie zur Tränke kamen.

Am Samstag kamen ungefähr zweihundert Schwarze, groß und klein durcheinander, und brachten zwölf Stück Vieh mit, Ochsen und Kühe, und vier oder fünf Hammel, und wir gingen, als wir sie kommen sahen, sofort an Land. Und sogleich fingen sie an, vier oder fünf Flöten zu spielen, und die einen spielten hoch und die anderen tief, so daß es sehr schön zusammenklang für Neger, von denen man keine Musik erwartet, und dazu führten sie einen Negertanz auf. Und der Kommandant ließ die Trompeten blasen, und wir tanzten in den Booten, und der Kommandant tanzte auch mit uns. Nachdem das Vergnügen zu Ende war, gingen wir an derselben Stelle an Land wie das vorige Mal und tauschten dort für drei Armbänder einen schwarzen Ochsen ein, den wir sonntags verzehrten; und er war sehr fett, und sein Fleisch war schmackhaft wie portugiesisches Ochsenfleisch.«

Vasco da Gama traute dem Frieden allerdings nicht und bereitete vorsorglich eine Demonstration der Stärke vor:

»Der Kommandant befahl, daß wir, mit Lanzen und Wurfspeeren und geladenen Armbrüsten und mit unserem Brustpanzer versehen, an Land gehen sollten, dies eigentlich mehr, um ihnen zu zeigen, daß wir die Macht besäßen, ihnen Schlimmes zuzufügen, daß wir dies jedoch nicht tun wollten. Als sie das sahen, fingen sie an, sich zu sammeln und eilends miteinander zu vereinigen, und der Kommandant befahl, um nicht Anlaß zum Blutvergießen zu geben, daß sich alle nach den Booten zurückziehen sollten.

Nachdem dies geschehen war, ließ er den Schwarzen, um ihnen zu Gemüt zu führen, daß wir ihnen Böses tun könnten und daß wir es ihnen nur nicht tun wollten, zwei Bombarden abfeuern, die hinten in dem Boot standen. Und die Eingeborenen waren alle am Ufer nahe an dem Waldrand aufgestellt, und als sie die Bombarden knallen hörten, fingen sie an, so Hals über Kopf nach dem Busch zu fliehen, daß die Felle, in denen sie gekleidet gingen, und die Waffen auf dem Platze zurückblieben, und erst nachdem sie schon im Busch waren, kamen zwei zurückgelaufen, um diese zu holen. Währenddessen fingen sie an, sich erneut zu sammeln und einen Höhenzug hinaufzuflüchten, und sie trieben das Vieh vor sich her.«

Das Leitmotiv »Tier« führt uns ab dem geschäftigen Mossel Bay zu einem Abstecher ins Landesinnere, der zu den populärsten in Südafrika gehört: Es geht nach **Oudtshoorn**, der selbsternannten »Straußen-Hauptstadt der Welt«. Eingefaßt in die Bergweiten der Kleinen Karoo, wimmelt es auf den Farmweiden vor Laufvögeln, die aus wirtschaftlicher Sicht multifunktional als Materialspender herhalten. Eier, Federn, Fleisch, alles findet Verwendung. So war es bereits in der alten Kultur der San, doch zumindest einer der Strauße kehrte auf wundersame Weise ins Leben zurück. *Die Auferstehung des Straußen* ist eine der schönsten Tierfabeln aus dem Schatz der *Mythen und Märchen der Buschmann-Völker*:

»Der Buschmann tötet einen Strauß bei seinen Eiern und trägt ihn heim. Sein Weib nimmt die kurzen Federn, die noch blutig innerhalb des Netzes hängen, heraus, und legt sie auf die Büsche. Sie essen das Straußenfleisch.

Ein kleiner Wirbelwind kommt zu ihnen; er bläst die Straußenfedern in die Höhe. Er bläst eine kleine Straußenfeder, die blutbefleckt ist, gen Himmel. Die kleine Feder fällt von dem Himmel herab, im Herumwirbeln fällt sie herab, ins Wasser, wird im Wasser naß, wird sich bewußt, sie liegt im Wasser, sie wird Straußenfleisch; sie setzt Federn an, Schwingen wachsen ihr, sie bekommt Beine, während sie im Wasser liegt. Sie schreitet aus dem Wasser, sonnt sich an des Wassers Strande, weil sie noch ein junger Vogel Strauß ist. Seine Federn sind junge Federkiele; weil seine Federn noch kleine Federn sind. Sie sind schwarz, denn es ist ein kleines Straußenmännchen. Er liegt an des Wasser Gestade, trocknend seine Federn, auf daß er hinwegschreite, wenn seine kleinen Federn getrocknet sind, daß er hinwegschreite, um seine Füße aus der Steifheit zu lösen. Denn er hat im Wasser gelegen, im Wandern will er seine Füße kräftigen. Als seine Füße schon erstarkt sind, kommt er auf den Gedanken, sie müßten in Straußenfeldschuhen sein. Wenn er im Wandern seine Füße kräftigt, legt er sich nieder, stählt seine Brust, auf daß sein Brustknochen hart werden möge. Er wandert fort, er ißt junge Büsche, weil er ein junger Vogel Strauß ist. Er verzehrt nur junge Pflanzen, weil er ein kleiner Vogel Strauß ist. Seine kleine Feder war es, die zum Straußen wurde, sie, die der Wind in die Höhe blies, als der Wind ein kleiner Wirbelwind war. Er entsinnt sich des Ortes, an welchem er gescharrt hatte; er läßt sich selbst wachsen, damit er nachher, wenn er erst herangewachsen ist, sich unterwegs hinlegen und zu dem Orte, wo sein altes Haus stand, wandern könnte, da, wo er sterbend lag, damit er scharrend

Straußenfarm in Oudtshoorn: Ritt auf dem Strauß

im alten Hause (ein neues errichten möge); indessen er hingeht und seine Frauen holt. Weil er wirklich starb, will er drei Straußenfrauen heiraten, eine neue Frau (den zwei früheren) hinzufügen. Weil sein Brustbeinknochen hart ist, schreit er, um seine Rippen zu stählen, damit auch die Knochen hart werden. Dann kratzt und scharrt er ein Haus aus, da er unterwegs schlafend zu dem Orte seines Hauses gelangte; schreiend lockt er die Straußenfrauen, auf daß sie zu ihm kämen. Deshalb lockt und schreit er, damit die Straußenfrauen zu ihm kommen; er läuft ihnen entgegen, er umkreist sie; denn er war ja tot gewesen, sterbend hatte er seine Weiber zurückgelassen. Er betrachtet das Gefieder seiner Frauen, die Federn seiner Frauen erscheinen ihm wunderschön.«

Im wahren Farmleben kommen die Strauße als Biltong-Lieferanten nicht ungeschoren davon, bei organisierten Besuchen auf sogenannten »Show Farms« dienen sie als lebendige Anschauungsobjekte. Dort erfährt man alles über die flugunfähigen Langhälse, ihren täglichen Nahrungsbedarf an Kieseln zur Normalisierung des Verdauungsprozesses, die 42tägige Inkubationszeit der Eier, die Verarbeitung der weichen Federn zu Schals und Wedeln. Ein Standtest auf Straußeneiern (zwei Zentner halten sie aus), ein Ritt auf dem Vogel durch Treiber und ausgewählte Wagemutige aus der Besuchergruppe sowie eine Touristenhand-zu-Schnabel-Fütterung mit einem Maisgemisch gehören zum Programm. Vorsicht beim Füttern: Manchmal picken Strauße daneben! Folgen wir im Straußenland ein wenig Cees Nooteboom:

»Oudtshoorn selbst ist vornehm, mit breiten Alleen und prachtvollen Villen, eine Stadt, einst reich geworden durch den Strauß. Der langbeinige Laufvogel hat vor ungefähr eineinhalb Jahrhunderten eine merkwürdige Adelsgattung hervorgebracht, die Straußenbarone. Warum es immer Barone sein müssen und nicht Herzöge oder Marquis, weiß ich auch nicht, jedenfalls gab es in Oudtshoorn viele von ihnen, ihre Häuser existieren noch, und Strauße werden ebenfalls noch gezüchtet, jetzt weniger um ihrer Federn willen, sondern wegen des Leders und des Fleischs. Es sind merkwürdige Vögel, wer sie hinter dem Zaun einer solchen Farm mal etwas länger beobachtet, den beschleicht allmählich ein mulmiges Gefühl, vor allem wenn es viele sind. Der Hals ist idiotisch lang für den eigensinnigen kleinen Kopf ganz am Ende. Sie sehen aus wie Politiker mit einer unerwarteten Niederlage, voll unterdrückter Wut und verborgener Rachsucht, die jeden Augenblick losbrechen können. Da man in letzter Zeit so oft Straußensteaks auf den Speisekarten sieht, drängt sich die Frage auf, wo ihre großen Keulen sitzen, und das kann natürlich nur an einer Stelle sein, hoch unter diesem bauschigen Kleid aus Federn, die die Köpfe der Damen aus der viktorianischen Bourgeoisie einst so grotesk groß machten, daß sie mitsamt ihren Hüten kaum auf ein Foto paßten. Die nächste Frage lautet, wie man die Tiere wohl schlachtet, diese ellenlangen Beine können gehörige Tritte austeilen, und Enthauptungen scheint mir angesichts der meterlangen Hälse auch keine gute Alternative. Eine merkwürdige Seitenlinie der Evolution, gute Gesellschaft für die Giraffen und Nashörner, die man hier in den Reservaten sieht, Ausgeburten der Phantasie, Launen der Natur, Tiere, die in eine Reihe mit dem Basilisken, der Sphinx und dem Greif gehören, dazu gedacht, in den Menschen die Frage aufkeimen zu lassen, wofür diese Vögel eigentlich gut sein sollen. Für Hüte, hätte man vor anderthalb Jahrhunderten gesagt, und wenn man wissen will, warum, muß man ins C. P. Nel Museum in Oudtshoorn gehen, wo es eine Orgie an Straußischem zu besichtigen gibt, angefangen mit einer Fotoserie, auf der dieser Vogel als Held dargestellt ist. Vater, Mutter, Kinder sowie ein Löwe, der weiß, wo bei diesen zarten Kleinen die Steaks sitzen, Vater Strauß, der seine Familie so lange verteidigt, bis Mutter ihre Flauschbälle in Sicherheit gebracht hat und er selbst als kaputtgebissener Staubsaugerschlauch auf seinem eigenen Wollball endet. Es sind alte, vergilbte Fotos, aber sie haben noch nichts an Dramatik verloren. Wie viele Stunden ich in diesem Museum verbracht habe, weiß ich nicht mehr, jedenfalls ist der Vogel Strauß seitdem für mich ein anderes Wesen, allein schon weil ich jetzt weiß, daß die Sache mit dem Kopf im Sand nicht stimmt.«

Von Oudtshoorn aus bietet sich ein Abstecher zu den 30 Kilometer nördlich gelegenen Cango Caves an, einer Wunderwelt aus Tropfsteingebilden, bevor jenseits der Bergbarriere der Outeniqua Mountains erneut der Indische Ozean lockt. Hinter dem Outeniqua-Paß kommt das flache Küstenvorland in Sicht. George kündigt sich an als »Herz der Gartenroute«, präsentiert einen lebhaften Stadtcharakter und verführt Eisenbahnromantiker zu einer Fahrt im historischen Dampfzug »Outeniqua Choo Tjoe« nach **Knysna**. Unter dem Motto »Fit durch Südafrika« sind weitere Aktivitäten möglich: Wandern im Wilderness Nationalpark, Golfen, Mountain Biking. Richtung Knysna beginnt das waldreiche Hügelgebiet des Knysna Forest, dessen Baumbestand im Vergleich zum 19. Jahrhundert, als der Raubbau an der Natur immer größere Ausmaße annahm, stark reduziert ist. Knysna verdankt seine Anziehungskraft der Knysna National Lake Area mit ihrer großen Lagune

Boote im Waterfront Complex von Knysna

und den Doppelfelsen Knysna Heads. Um die Seeufer ziehen sich geschmackvoll angelegte Spazierwege, Treffpunkt ist der Waterfront Complex, Gourmets rühmen die in der Lagune gezüchteten Austern. Ziele in der Umgebung sind die Strände und das einstige Goldminengebiet von Millwood. Als wirtschaftliche Stütze spielt die Holzindustrie nach wie vor eine Rolle. Auf der Weiterfahrt nach Plettenberg Bay sieht man ein ums andere Mal Holztransporter, mitunter kreuzt eine Horde Paviane die Fahrbahn. Apropos Affen: Weiter nordostwärts im Landesinnern, zwischen den parallel verlaufenden Bergzügen Baviaanskloof and Kouga, wartet mit der Baviaanskloof Wilderness Area, die vom Fremdenverkehrsamt als »Tal der Paviane« propagiert wird, ein mit 270 000 Hektar riesiges, weitgehend unbekanntes Tierreservat auf seine Entdecker. In den 1920er Jahren brachte die dortige Verbreitung der Paviane einen Farmer auf die Idee, Taschen und Schuhe aus Affenleder herzustellen. Zum Glück vermochten sich die Produkte nie durchzusetzen. Orientierungsort von Baviaanskloof ist Studtis, benannt nach einem deutschen Händler, der hier einst einen Laden unterhielt.

Plettenberg Bay, die alte Walfangstation und selbsternanntes »Juwel der Gartenroute«, rühmt sich zu Recht der schönen Strände, darunter der etwas einsamere Robberg Beach. Für Wal- und Delphinbeobachtungen eignen sich die Klippen des nahen Robberg Nature Reserve. Taucher zieht es hinab zu Schwämmen und Zebrafischen, während Affen und Lemuren im nahen Privatpark Monkeyland warten. Hinter Plettenberg Bay setzt sich das erfrischende Grün mit Wiesen und Wäldern fort, an der Einfahrt in die Provinz Eastern Cape spannt sich die Bloukrans Bridge in einer Höhe von mehr als 200 Metern über den Einschnitt des Bloukrans River. Wer den ultimativen Thrill braucht, hechtet von der Brücke am Bungeeseil in die Tiefe. Weniger Adrenalin wird man bei Wanderungen durch den **Tsitsikamma Nationalpark** ausstoßen, der einen schmalen Küstenstreifen einnimmt. Der Name Tsitsikamma, »Platz der reichlichen Wasser«, geht auf die Khoi Khoi zurück und hält, was er verspricht: Flüsse, Bäche, Kaskaden, der Indische Ozean und ein hoher Jahresniederschlag von 1200 mm, der über die artenreiche Vegetation mit Fynbos und 50 Meter hohen Baumriesen niedergeht. Der bekannteste Wanderweg, der Otter Trail, erstreckt sich vom Mündungsbereich des Storms River bis Nature's Valley über eine Länge von 42,5 Kilometern.

Die Natureindrücke setzen sich entlang der N2 fort: Farne, Wälder, der Canyon des Storms River, die vielzackige Kette der Tsitsikamma Mountains im Hintergrund. Zwischen Storms River und Humansdorp flacht die Landschaft ab, Jeffreys Bay ist Tummelbecken von Surfern, tiefer südlich führt ein Abstecher zum Cape St. Francis. Das Kap ist westlicher Endpunkt der Sunshine Coast, die sich bis East London erstreckt. Doch nicht überall herrscht eitel Sonnenschein. Ein glanzloses Häusermeer, Industriegebiete, Containermassen und Wirrwarrs aus Bahngleisen kündigen **Port Elizabeth** an. Keimzelle war das 1799 von den Briten errichtete Fort Frederick, aus dem im Laufe des 19. Jahrhunderts ein bedeutsamer Hafen- und Handelsplatz erwuchs. Heute ist »PE«, wie man Port Elizabeth kurz nennt, ein 1,5 Millionen Menschen starker Ballungsraum, der trotz des Slogans von der »freundlichsten Stadt Südafrikas« keine größeren Begeisterungsstürme auslöst. Ansehnlich in der City sind der 53 Meter hohe Campanile, der an die Ankunft tausender britischer Siedler im Jahre

Wasserloch im Addo Elephant Nationalpark

1820 erinnert, und das 1858-62 erbaute Rathaus. Trubelig geht es um die Govan Mbeki Avenue zu, wo geballte Handelsladungen aus Kappen, Knoblauch, Nagellack, Handyhüllen, Bilderrahmen und Küchenhandtüchern auf ihre Käufer warten. Südlich, Richtung Summerstrand, beginnen nett angelegte Rasenflächen und Küstenpromenaden, die zusammen mit dem Komplex um das Boardwalk Casino nahe des Hobie Beach die Vorzeigeansichten von Port Elizabeth formen. Im Kontrast dazu stehen die Elendsquartiere an der Strecke in den **Addo Elephant Nationalpark**, ein Abstecher von der N2, auf den kaum jemand verzichten wird. Die leichte Zugänglichkeit und die teils asphaltierten Strecken machen den Park für Selbstfahrer attraktiv. Wasserlöcher und zaungesicherte Aussichtspunkte sind gut beschildert, es gibt mehrere Lodges. Elefanten, die Namensgeber des Parks, sind zu mehreren Hundert vertreten und lassen sich vom Röhren der Motoren nicht schrecken. Bergeweise Dung und die deutlich erkennbaren Trampelschneisen verraten die Wanderwege der Dickhäuter. Außerdem gibt es hier einige Dutzend Spitzmaulnashörner, Büffel, Warzenschweine, Kudus, Hyänen und Löwen. Wer ab dem Addo Elephant Park eine Weiterfahrt nordwärts nach Bloemfontein mit Anschluß an die in diesem Buch beschriebene Route durch den Nordwesten plant, gelangt durch dünn besiedeltes Gebiet nach Cradock mit dem nahen Mountain Zebra Nationalpark (Bergzebras, Steppenlandschaft). Eine alternative Strecke führt über Graaff-Reinet, das 1786 an den Ausläufern der Sneeuburg Mountain Range als Vorposten der weißen Siedler gegründet wurde und seine Vergangenheit in Form einer Fülle restaurierter Gebäude bewahrt; zum umliegenden Karoo Nature Reserve gehört das bizarre »Tal der Trostlosigkeit«, Valley of Desolation.

Zurück auf der N2, etwa 120 Kilometer hinter Port Elizabeth, liegt die Universitäts- und Kirchenstadt **Grahamstown**. Im 19. Jahrhundert kam es in der Gegend ein ums andere Mal zu Zusammenstößen zwischen Weißen und Xhosa. Heute avanciert die Regionalmetropole alljährlich im Juli mit dem von Tanz, Theater, Musik und Literatur bestimmten National Arts Festival zehn Tage lang zu Südafrikas Kulturzentrum. Literarische Berühmtheit haben Grahamstown und Umgebung durch J. M. Coetzees aufrüttelnden Roman *Schande* erlangt, allerdings nicht zu ihrem Vorteil. In *Schande* zwingt eine Affäre mit einer Studentin den dauerlüsternen, uneinsichtigen Kapstädter Literaturprofessor Lurie zur Aufgabe seines Jobs. Nun sucht er Zuflucht auf dem Land bei seiner einzigen Tochter Lucy, mit der er sich nie verstanden hat. Ziel seiner Fahrt:

»Salem an der Grahamstown-Kenton-Straße in der Provinz Ost-Kap.

Die kleine Farm seiner Tochter liegt am Ende einer kurvenreichen unbefestigten Straße, einige Meilen von der Stadt entfernt: fünf Hektar Land, das meiste davon zum Ackerbau geeignet, ein Windrad, Ställe und Nebengebäude und ein flaches, geräumiges Farmhaus, gelb getüncht, mit verzinktem Blechdach und einer überdachten Veranda. Die Grenze des Anwesens vorn bildet ein Drahtzaun, davor Kapuzinerkresse und Geranien; sonst gibt es dort nur Staub und Kies.

Auf der Zufahrt parkt ein alter VW Kombi; er stellt seinen Wagen dahinter ab. Aus dem Schatten der Veranda tritt Lucy ins Sonnenlicht hinaus. Einen Augenblick lang erkennt er sie nicht wieder. Ein Jahr ist vergangen, und sie hat zugenommen. Ihre Hüften und ihre Brust sind jetzt (er sucht nach dem besten Wort) üppig. Barfuß, so kommt sie ihn begrüßen und breitet die Arme aus, umarmt ihn, küßt ihn auf die Wange.

Was für eine nette junge Frau, denkt er, als er sie drückt; was für eine nette Begrüßung am Ende einer langen Reise!«

Der Eindruck täuscht. Lucy, die ihre Farm in der Einsamkeit »ordentlich bewirtschaften« will, steht ihrem alten Herrn, seinem Leben und seinen Fragen distanziert gegenüber. Der Vater-Tochter-Konflikt nimmt nach einem brutalen Überfall dramatische Züge an. Die Wachhunde sind getötet, der Professor ist auf dem Abort eingesperrt, schwer verletzt und Lucy vergewaltigt worden. Der Polizei verschweigt sie die Sexualtat.

»Es waren drei Männer, berichtet sie, oder zwei Männer und ein Junge. Sie verschafften sich mit einem Trick Zugang zum Haus, sie stahlen (sie zählt die Gegenstände auf) Geld, Kleidung, einen Fernseher, einen CD-Player, ein Gewehr mit Munition. Als ihr Vater Widerstand leistete, griffen sie ihn an, übergossen ihn mit Spiritus, versuchten, ihn anzuzünden. Dann erschossen sie die Hunde und fuhren in seinem Auto fort. Sie beschreibt die Männer und wie sie bekleidet waren; sie beschreibt das Auto.

Während Lucy spricht, blickt sie ihn die ganze Zeit unverwandt an, als schöpfe sie Kraft bei ihm oder als fordere sie ihn heraus, ihr zu widersprechen. Als einer der Polizisten fragte: ›Wie lang hat der ganze Vorfall gedauert?‹, sagt sie: ›Zwanzig Minuten, dreißig Minuten.‹ Das stimmt nicht, wie er weiß, wie sie weiß. Es hat viel länger gedauert. Wieviel länger? Soviel länger, wie die Männer brauchten, um ihre Sache mit der Dame des Hauses zu erledigen.

Trotzdem mischt er sich nicht ein. *Es ist völlig gleichgültig*: er hört kaum hin, als Lucy ihre Geschichte zu Ende erzählt. Worte formen sich, die seit gestern abend an den

Rändern der Erinnerung geschwebt haben. *Zwei alte Damen eingesperrt in Klos / Von Montag bis Sonnabend saßen sie da / Und keiner, der sie dort sitzen sah.* Im Klo eingeschlossen, während seine Tochter mißbraucht wurde. Ein Singsang aus seiner Kindheit war zurückgekehrt, um höhnisch mit dem Finger zu zeigen. Mein *Gott, was ist denn da bloß los?* Lucys Geheimnis; seine Schande.«

Lucy, die Weiße, begreift die Vergewaltigung durch die Farbigen als Schicksal, das sie anzunehmen hat, als Sühnelast für die historischen Verfehlungen der Weißen in Südafrika, während ihr Vater auf die Verfolgung und Bestrafung der Täter pocht. Entfremdung und gegenseitiges Unverständnis steigern sich.

»›Lucy, mein Schatz, warum willst du es nicht sagen? Es war ein Verbrechen. Man braucht sich nicht zu schämen, wenn man Opfer eines Verbrechens geworden ist. Du warst nicht freiwillig das Opfer. Du bist unschuldig.‹

Lucy sitzt ihm am Tisch gegenüber und holt tief Luft, sammelt sich, dann atmet sie wieder aus und schüttelt den Kopf.

›Darf ich raten?‹ sagt er. ›Willst du mich auf etwas hinweisen?‹

›Worauf soll ich dich hinweisen wollen?‹

›Darauf, was Frauen von Männern zu erleiden haben.‹

›Nichts liegt mir ferner. Das hat nichts mit dir zu tun, David. Du möchtest wissen, warum ich nicht eine bestimmte Anzeige bei der Polizei gemacht habe. Ich will es dir sagen, wenn du bereit bist, nicht wieder auf das Thema zurückzukommen. Der Grund ist der: aus meiner Sicht ist das, was mir zugestoßen ist, eine rein private Angelegenheit. Zu einer anderen Zeit, an einem anderen Ort, könnte das als öffentliche Angelegenheit betrachtet werden. Aber hier und heute nicht. Es ist meine Sache, ganz allein meine.‹

›Und dieser Ort wäre?‹

›Dieser Ort ist Südafrika.‹«

Lucy pocht unverdrossen auf Selbstbestimmung, auch als sie nach der Tat schwanger wird und eine Abtreibung ausschlägt. Letztlich ergibt sich ihr Vater seinem Schicksal, das ihn auf der sozialen Leiter tief hat sinken lassen: von der Universität in Kapstadt zum Helfer in einer Klinik des Tierschutzbunds von Grahamstown. An der Seite von Bev Shaw, die Hunde und Katzen mit einer tödlichen Injektion vor weiterem Leiden bewahrt, gibt er seinem Leben zumindest irgendeinen Sinn.

Strandliebhaber erholen sich bei Abstechern nach Kenton on Sea und Port Alfred (schönes Hafengelände) von der Cotzee'schen Dramatik, während die N2 über King William's Town weiter nach **East London** führt, eine Industrie- und Hafenstadt an der Mündung des Buffalo River in den Indischen Ozean. Das German Settlers Memorial mit der Inschrift »Den deutschen Einwanderern« und das Rathaus aus der viktorianischen Epoche halten die Einflüsse aus Europa im historischen Siedlungsgebiet der Xhosa vor Augen. Hauptstrände sind der Eastern Beach und der Nahoon Beach; das Aquarium mit seinem Whale-watching-Deck gilt als das älteste in Südafrika, das East London Museum ist naturgeschichtlich aufbereitet. Ansonsten ist die Auswahl an kultuellen Besuchszielen mager, was gleichermaßen für den weiteren Streckenverlauf gilt. Dafür entschädigen Eindrücke von der »Wilden Küste«, der **Wild Coast**, an der Mutter Natur zwischen East London und Port Edward ihr Füllhorn ausgegossen hat: wilde Romantik mit subtropischem Klima, Wasserfälle, natürliche Felsenpools,

Mangroven, der brandungsumtoste Felsbogen »Hole in the Wall« bei Coffee Bay, diverse Hiking Trails, kleine Schutzgebiete wie das Dwesa-Cwebe Marine Reserve und das Hlurka Nature Reserve sowie kilometerlange, unberührte Traumstrände. Bereits vor tausenden Jahren muß es vielerorts so und nicht anders ausgesehen haben. Alljährlich im Südwinter (Juni/Juli) spielt sich vor der Küste die große Sardinen-Migration ab, ein Naturschauspiel, das sich auch Haie, Delphine, Orkas und unzählige Seevögel nicht entgehen lassen. Trotz vereinzelter touristischer Kommerzialisierungsversuche dürfte die Ursprünglichkeit der »Wilden Küste« lange erhalten bleiben, zumal die Zubringerstraßen, die von der N2 an den Indischen Ozean führen, lang und oft beschwerlich sind. Es sei denn, die seit langem in den Politschubladen lagernden Pläne einer gebührenpflichtigen Straße werden in die Tat umgesetzt ...

Untrennbar mit dem Hinterland der Wild Coast ist die Heimat des Nelson Mandela verbunden. »Geboren wurde ich am 18. Juli 1918 in Mvezo, einem winzigen Dorf am Ufer des Mbashe im Distrikt Umtata, der Hauptstadt der Transkei«, schreibt er in seiner Autobiographie *Der lange Weg zur Freiheit* und gibt – verbunden mit der Liebe zu seiner Heimat – gleich etwas geographische Nachhilfe:

»Die Transkei, über tausend Kilometer östlich von Kapstadt gelegen, mehr als 800 Kilometer südlich von Johannesburg, dehnt sich zwischen dem Kei River und der Grenze zu Natal, zwischen den zerklüfteten Drakensbergen im Norden und den blauen Wassern des Indischen Ozeans im Osten. Es ist eine wunderschöne Landschaft mit dahinschwingenden Hügeln, fruchtbaren Tälern und tausend Flüssen und Bächen, die zum Meer streben und das Land auch im Winter grün halten. Die Transkei war eines der größten Territorien innerhalb von Südafrika, mit 43 000 Quadratkilometern etwa so groß wie die Schweiz, mit einer Bevölkerung von ungefähr dreieinhalb Millionen Xhosas und einer winzigen Minderheit von Basothos und Weißen. Es ist auch die Heimat der Thembus, zu denen ich gehöre und die ein Teil des Xhosa-Volkes sind.«

»Einige der glücklichsten Jahre« seiner Kindheit verlebte Nelson Mandela später in Qunu, »einem nur wenig größeren Dorf westlich von Mvezo«:

»Das Dorf Qunu lag in einem engen grasbewachsenen Tal inmitten von grünen Hügeln und wurde von einer Reihe von Bächen durchquert. Die Einwohnerschaft betrug nur wenige hundert Menschen, die in Hütten lebten, bienenstockartigen Bauten aus Lehmwänden und gewölbten Grasdächern mit Holzpfählen in der Mitte, auf denen das Dach ruhte. Der Fußboden bestand aus zerstampftem Ameisenhaufen, jener harten Wölbung über einer Ameisenkolonie, und wurde glattgehalten durch das regelmäßige Einschmieren mit frischen Kuhfladen. Die einzige Öffnung war eine niedrige Tür, und der Rauch vom Herd entwich durch das Dach. Die Hütten standen im allgemeinen gruppenweise zusammen in einer Art Wohnviertel, das ein Stück von den Maisfeldern entfernt lag. Es gab keine Straßen, sondern nur Trampelpfade durch das Gras, von barfüßigen Kindern und Frauen getreten. Die Frauen und Kinder trugen in Ocker gefärbte Wolldecken; nur die wenigen Christen im Dorf trugen Kleidung westlichen Stils. Rinder, Schafe, Ziegen und Pferde grasten auf gemeinsamen Weiden. Das Land um Qunu war fast gänzlich baumlos, abgesehen von einer Gruppe von Pappeln auf dem Hügel, der das Dorf beherrschte. Das Land selbst gehörte dem Staat. Bis auf wenige Ausnahmen waren Afrikaner damals keine Grundbe-

Die Bloukrans Bridge

sitzer, sondern Pächter, die der Regierung alljährlich Pacht zu zahlen hatten. In dem Gebiet gab es zwei kleine Grundschulen, einen Kaufladen und einen sogenannten Dipping Tank, in dem das Vieh von Zecken und Krankheiten befreit wurde.

Mais (oder was wir Mealies nannten und Leute im Westen Corn), Hirse, Bohnen und Kürbisse bildeten den Hauptteil unserer Nahrung, nicht weil wir eine angeborene Vorliebe für diese Dinge gehabt hätten, sondern weil die Leute sich nichts Besseres leisten konnten. Die reicheren Familien in unserem Dorf ergänzten ihre Nahrung durch Tee, Kaffee und Zucker, doch für die meisten Menschen in Qunu waren dies exotische Luxusgüter, die ihre Möglichkeiten weit überstiegen. Das Wasser, das für die Landwirtschaft sowie zum Kochen und Waschen gebraucht wurde, mußte eimerweise von Bächen und Teichen geholt werden. Dies war Frauenarbeit, und in der Tat war Qunu ein Dorf der Frauen und Kinder: Die meisten Männer verbrachten den größeren Teil des Jahres als Arbeiter in den Minen entlang dem Reef, jenem großen Bergkamm aus goldhaltigem Fels und Schiefer, der die südliche Begrenzung von Johannesburg bildet. Vielleicht zweimal im Jahr kehrten sie zurück, und das hauptsächlich, um ihre Felder zu pflügen. Das Hakken, Jäten und Ernten war Sache der Frauen und Kinder. Im Dorf konnten nur wenige, falls überhaupt, lesen oder schreiben, und der Gedanke an Bildung war damals noch vielen fremd.

Meine Mutter war in Qunu für drei Hütten verantwortlich, die, soweit ich mich erinnern kann, immer voller Babys und Kinder meiner Verwandten waren. In der Tat kann ich mich kaum an irgendeinen Augenblick erinnern, wo ich allein war. In der afrikanischen Kultur gelten die Söhne und Töchter der Tanten und Onkel als Brüder und Schwestern, nicht als Cousins und Cousinen. Wir machen, was unsere Verwandten betrifft, nicht die gleichen Unterschiede wie die Weißen. Wir haben keine Halbbrüder. Die Schwester meiner Mutter ist meine Mutter; der Sohn meines Onkels ist mein Bruder, der Sohn meines Bruders ist mein Sohn.

Von den drei Hütten meiner Mutter wurde eine benutzt zum Kochen, eine zum Schlafen und eine zum Lagern von Nahrung und anderen Dingen. In der Hütte, in der wir schliefen, gab es kein Mobiliar im westlichen Sinn. Wir schliefen auf Matten und saßen auf dem Boden. Kissen lernte ich erst kennen, als ich nach Mqkekezweni ging. Meine Mutter bereitete die Mahlzeiten in einem dreibeinigen Eisentopf zu, der über einem offenen Feuer in der Hüttenmitte oder draußen stand. Alles, was wir aßen, bauten wir selbst an und bereiteten es selbst zu. Meine Mutter pflanzte und erntete ihre eigenen Mealies. Mealies wurden geerntet, wenn sie hart und trocken waren. Sie wurden aufbewahrt in Säcken oder in Gruben, die ins Erdreich gegraben wurden. Zur Zubereitung der Mealies verwandten die Frauen verschiedene Methoden. Sie zerrieben die Kerne zwischen zwei Steinen, um Brot herzustellen oder sie kochten die Mealies zuerst, um dann Umphothulo (Mealie-Mehl, das mit saurer Milch gegessen wurde) oder Umngqusho (Grütze, zuweilen pur oder mit Bohnen vermischt) herzustellen. Während Mealies manchmal knapp waren, gab es überreichlich Milch von unseren Kühen und Ziegen.

Schon in frühem Alter verbrachte ich die meiste Zeit im Freien, auf dem Veld, spielte und kämpfte mit anderen Jungen. Ein Junge, der sich im Haushalt herumtrieb und sozusagen an Mutters Schürzenzipfel hing, galt als Muttersöhnchen. Abends teilte ich mein Essen und meine Wolldecke mit denselben Jungen. Als ich ungefähr fünf Jahre alt war, wurde ich Hirtenjunge und hatte auf Schafe und Kälber aufzupassen. Ich lernte die fast mystische Verbindung kennen, welche die Xhosa zum Vieh haben, nicht nur als Lieferant von Fleisch und Milch oder auch Reichtum, sondern als eine Art Gottessegen und Glücksquell. Hier lernte ich auch, mit einer Steinschleuder Vögel vom Himmel zu holen, wilden Honig und Früchte und eßbare Wurzeln zu sammeln, süße Milch direkt aus dem Euter einer Kuh zu trinken, in den klaren, kalten Flüßchen zu schwimmen und mit Schnur und geschärften Drahtstücken Fische zu fangen. Ich lernte, mit dem Stock zu kämpfen – für jeden afrikanischen Jungen auf dem Land eine unerläßliche Fähigkeit –, und übte mich in den verschiedenen Techniken: wie man einen Schlag pariert, wie man sich mit schneller Beinarbeit von einem Gegner löst. Aus dieser Zeit rührt meine Liebe zum Veld, zu offenen Weiten, zu den einfachen Schönheiten der Natur, der klaren Linie des Horizonts.«

Das Nelson Mandela Museum in der Handels- und Universitätsstadt Umtata (auch: Mthatha) zollt einem der berühmtesten Südafrikaner und seinem Freiheitskampf Tribut. Die Weiterfahrt bietet zwei Optionen: entweder auf der N2 in einer weiten Schleife durchs Landesinnere oder über Port St. Johns und Port Edward nach Port Shepstone an der »Hibiskusküste« Hibiscus Coast. Parallel zum Meer führt die N2 bis Durban über Strand- und Ferienstädtchen wie Hibberdene; immer wieder halten Hainetze die ungebetenen Besucher fern. Als Hafen- und Industriestadt und Zentrum eines über drei Millionen Menschen starken Bal-

lungsraums mag **Durban** groß und wichtig sein und mit seinen (Surfer-)Stränden und Strandpromenaden einige Vor-
züge haben – doch für mehr als einen Stopover empfehlen
wir es nicht. Durbans Kriminalitätsrate ist nicht gerade
niedrig, Slums mit übelsten Verschlägen stehen im Kontrast zu den Vorzeigeansichten um das Rathaus und die
Golden Mile mit ihren Fischerpiers, den Art-déco-Bauten,
den erschlagenden Hochhausfronten, dem Casino und der
»uShaka Marine World«, einem Themenpark rund um
Meer und Wasser, inklusive Aquarium und eigenem Strand.
Zur Wohlfühlstation geriet Durban auch nicht der deutschen Schriftstellerin und Dokumentarfilmerin Erika Runge (*1939), die sich durch Sozialreportagen einen Namen
machte und die kritische Bestandsaufnahme *Südafrika
1974* verfaßte:

»Zum erstenmal traf ich auf die Spuren des südafrikanischen Geheimdienstes, als ich nachts gegen 1 Uhr, es mag
auch später gewesen sein, in mein Hotelzimmer zurück-
kam. Durban hat sehr große Hotels und ist ganz für Fa-
milienfeiern am Meer eingerichtet. Die 1027 Betten des
›Cumberland‹ waren fast besetzt. Es schien alles wie sonst,
der Vorhang war schon zugezogen und das Bett vom schwarzen Zimmermädchen zurechtgelegt worden, meine Reise-
tasche stand neben dem Tisch ... Ich hatte den Abend
mit Vertretern der Bekleidungsgewerkschaft verbracht,
denn Durban ist auch eine Industriestadt, und mir von Harriet Bolton und Halton Cheadle einen Bericht über die
großen Streiks vom Frühjahr 1973 geben lassen, an denen
zwischen 60 000 und 100 000 schwarze Arbeiter beteiligt
waren – Streiks, die eine Wende in der Entwicklung Südafrikas andeuteten. Harriet Bolton erzählte von einer Versammlung der Textilarbeiter, bei der der Streik heftig dis-

kutiert worden war. Ein Schwarzer stand auf und sagte: ›Wir streiken doch gar nicht!‹ Währenddessen verließen gerade wieder 3000 die Fabrik. ›Wir streiken nicht!‹ Und er erklärte: ›Wir haben versucht, mit der Geschäftsleitung zu sprechen und wie wir uns schinden müssen und daß man von dem Geld, was wir verdienen, überhaupt nicht existieren kann. Aber keiner hat sich um uns gekümmert. Jetzt erst, wo wir aufhören zu arbeiten, nehmen sie von uns Notiz!‹

Müde schloß ich meine Tasche auf, ich wollte die neuen Interviews zu den anderen Tonbändern in einen Plastikbeutel legen. Die Kassetten hatte ich durchnumeriert, ich wußte, daß ich nirgends Namen notieren durfte. Aber wieso waren da nur noch fünf Bänder? Wo steckte das sechste? Und: meine billigen Kaufhausfabrikate hatten sich verwandelt: die einen waren mit BASF-Etiketten beklebt, für die anderen hatte der Vorrat offenbar nicht gereicht – kein Markenzeichen, keine Zahl milderte ihren beklemmenden Eindruck. ›Nur eine Kassette fehlt‹, versuchte ich, mich zu beruhigen. ›Jetzt höre ich alle durch und dann . . .‹ Doch nichts als monotones Rauschen kam aus dem Lautsprecher.«

Tags darauf dürfte Erika Runge bei der Abfahrt des Zuges aus Durban erleichtert durchgeatmet haben, während die Stadt für die Tante des jungen Otis in der eindringlichen, nüchternen Kurzgeschichte *Zauberei* des Südafrikaners Chris van Wyck (*1957) ein Sehnsuchtsziel bedeutet. Auntie Leonie, so heißt die Tante, wird von ihrem Mann Arnie, einem Trinker und Kartentrickser, wie ein Dienstmädchen herumkommandiert, als Schlampe beschimpft, verprügelt, betrogen. Mit Hilfe von Otis' Mutter plant sie mit ihren Kindern die Flucht nach Durban, um dem häuslichen Alptraum für immer den Rücken zu kehren. An einem Freitagmorgen, als Onkel Arnie zur Arbeit gegangen ist, laufen die letzten Vorbereitungen:

»Sie wusch die Kinder, packte drei oder vier Koffer voll mit den wichtigsten Dingen, füllte eine Tupperdose mit Käsebroten und Tomatenschnitten fürs *padko*. Sie kam vorbei, um Ma Auf Wiedersehen zu sagen – ich war in der Schule, Da arbeitete. Ma gab ihr die Zugfahrkarte, die sie für sie aufbewahrt hatte. Den Schlüssel hinterlegte meine Tante bei einer Nachbarin – er sollte Onkel Arnold ausgehändigt werden, wenn er am Abend von der Arbeit zurückkehrte. Mr. Jardine, ein weiterer Nachbar, der bereits in Rente war, fuhr sie in seinem alten Anglia zum Bahnhof.

Durban. Ein neues Leben. Ohne Onkel Arnie, seine Sauferei und seine Flüche, ohne die Prügel, die Bestrebungen, das Haus niederzubrennen, und ohne seine Forderung nach Sex zu dritt. In Durban existierten gute Textilfabriken, und eine alte Schulfreundin, die jetzt auch in Durban wohnte, suchte schon nach einer Arbeit für meine Tante. Im Augenblick aber stand sie auf dem Bahnsteig 14, umgeben von Koffern und Taschen mit Reißverschlüssen, die nicht funktionierten, einem Kind, das Hunger hatte, einem zweiten, das Durst hatte, und einem dritten, das pullern musste. Der Zug fuhr ein. Und wie aus dem Nichts, wie der Pik-Bube in einem seiner Kartentricks, stand Onkel Arnold auf einmal vor ihr.

Das war ein derartiger Schock für meine Tante, dass sie weinte und sagte: ›Willst du mir Vorwürfe machen, Arnie? Willst du mir die Schuld geben?‹ Sie nahm ihre Brille ab und wischte sie an ihrem Kleid sauber, setzte sie wieder auf, nahm sie erneut ab. Woher wusste er, dass sie ihn verlassen wollte? Es wartete noch eine Überraschung auf sie: Er zückte eine Fahrkarte nach Durban und stieg mit ihr und den Kindern in den Zug.

Jetzt wohnen sie schon 30 Jahre in Durban, in einem Slum namens Wentworth. Onkel Arnold hat Arbeit im Hafen gefunden, wo er Schiffe repariert. Auntie Leonie arbeitet als Näherin. Sie haben drei weitere Kinder bekommen. Jeden Freitag kommt Onkel Arnie betrunken nach Hause und verprügelt sie. Noch immer ruft er sie Schlampe, und sie nennt ihn Arnie. Abgesehen davon, dass sie alle einen Durbaner Akzent haben, hat sich nicht viel geändert: Die meisten Leute sehen in ihnen nichts weiter als eine ganz normale, farbige Familie in Südafrika.«

Große Geschichte hat das 1824 von Briten im altangestammten Zuluterritorium als »Port Natal« gegründete Durban nicht geschrieben, doch für Mai 1893 ist ein besonderes Ereignis verbürgt: die Ankunft von Mohandas Karamchand Gandhi, genannt Mahatma Gandhi (1869-1948). Nach seinem Jurastudium in London und seiner Tätigkeit als Anwalt in Bombay und Rajkot gelang es Gandhi auf Dauer nicht, in der Heimat beruflich Fuß zu fassen. Unverhofft tat sich jedoch eine anderweitige Perspektive auf, als die indische Handelsfirma Dada Abdulla wegen eines Prozesses in Südafrika eine Art eigens entsandten Rechtsberater für maximal ein Jahr suchte und die Übernahme der Reisekosten und ein geringes Honorar in Aussicht stellte. Gandhi willigte ein, ohne zu ahnen, daß die persönlichen Erfahrungen mit der Rassendiskriminierung entscheidend für seinen gewaltfreien Widerstand werden sollten, in Südafrika wie später in Indien. Gandhi-Biograph Matthias Eberling blickt voraus:

»Was als kurze Geschäftsreise begann, sollte der wichtigste Abschnitt in seinem Leben werden. Gandhi verbrachte über 20 Jahre in Südafrika. Dort würde er endgültig begreifen, dass er kein distinguierter Gentleman und gleichberechtigter Bürger des Britischen Empire war, sondern ein Mensch zweiter Klasse, für einen Engländer so unberührbar wie die Parias in seiner indischen Heimat.«

Inder wurden zu jener Zeit in Südafrika oft als billige Hilfskräfte ausgebeutet, mißachtet und abschätzig als »Kulis« gebrandmarkt. Gandhi, bald ein »Kuli-Advokat«, bemerkt diese Stimmung sofort. In seiner Autobiographie schreibt er:

»Abdulla Sheth erwartete in Durban meine Ankunft. Das Schiff legte am Kai an. Ich sah die Leute, die an Bord kamen, um ihre Freunde abzuholen, und es fiel mir auf, daß die Inder wenig Achtung genossen. Ein gewisser Dünkel in der Art, wie die Leute, die Abdulla Sheth kannten, ihm begegneten, konnte mir nicht entgehen, und das verletzte mich. Abdulla Sheth hatte sich daran gewöhnt. Die, die mich anschauten, taten es mit einer gewissen Neugier. Durch meine Kleidung stach ich von den übrigen Indern ab; ich trug einen schwarzen Rock und auf dem Kopf einen kleinen Turban.«

Indien und Durban, Durban und Indien. Die Verbindung ist geblieben und findet sich im Cultural and Documentation Centre erläutert. Als mobile Berührungspunkte der Kulturen in Durbans Alltag sind die Rikschas geblieben, die schon Gandhi erstaunten: »Diese Rikschas werden von Zulus gezogen.«

VON DURBAN DURCH DEN WEITEN OSTEN UND
NORDOSTEN BIS ZUM KRÜGER-NATIONALPARK

In Durban gabeln sich die Wege: während die Hauptroute über Pietermaritzburg und am Binnenstaat Lesotho vorbei nach Johannesburg führt, geht es in einer weiten Schleife durch den Norden der Provinz KwaZulu Natal, wo sich die Tore zu herrlichen Naturschutzgebieten wie dem iSimangaliso Wetland Park und dem Hluhluwe Umfolozi Park öffnen.

Wählen wir zunächst die direkte Inlandsroute, die uns auf der N3 durch das »Tal der tausend Hügel«, Valley of the Thousand Hills, ins 80 Kilometer entfernte **Pietermaritzburg** trägt. Kurz nach dem Sieg der Buren über die Zulus in der Schlacht am Blood River (1838) gegründet und bereits 1843 von den Briten annektiert, ist seine britische Prägung bis heute unverkennbar. »Stadt der Blumen« und »eine der besterhaltenen viktorianischen Städte der Welt« sind selbstgewählte Prädikate, an denen sich Pietermaritzburg messen lassen muß. Architektonisches Aushängeschild ist das Rathaus mit seinem 47 Meter hohen Uhrturm, grüne Lungen bilden der Alexandra Park und die National Botanical Gardens, während das Voortrekker Museum seine Besucher mit der Geschichte der Gegend vertraut macht. Eine Geschichte, die für Tom Sharpe (*1928), berühmt für seinen schwarzen Humor, eng mit der Militärvergangenheit als Garnisonsstützpunkt seiner Landsleute verknüpft ist. In seinem Roman *Tohuwabohu*, in dem Pietermaritzburg als »Piemburg« auftaucht und dennoch unverkennbar ist, benutzt er die jetzige Hauptstadt von KwaZulu Natal als Projektionsfläche für eine köstliche Polizei-, Militär- und Politfarce und läßt von Beginn an kein gutes Haar an ihr:

»Piemburg ist eine einzige Täuschung. Nichts an dem Ort ist genau das, was es zu sein scheint. Zwischen die Ausläufer der Drakensberge gedrängt und an den Fuß eines stattlichen Hügels mit flacher Kuppe geduckt, besitzt es nur wenige Merkmale einer Hauptstadt. Reisende, deren Züge nach Johannesburg manchmal notgedrungen unter dem rostenden Blechornament seines Bahnhofsdaches halten oder die auf der Autobahn daran vorbeiflitzen, können ein winziges Städtchen erblicken, das wie tot und einbalsamiert wirkt. Und Piemburg ist, wie man allgemein hört, tatsächlich tot. Ein verschlafener Winkel wird es genannt, und ein amerikanischer Besucher soll beim Anblick von Piemburg gesagt haben: ›Halb so groß wie der New Yorker Friedhof und zweimal so tot.‹ Und ganz unbestreitbar scheint auf den ersten Blick absolut kein Leben in der Stadt zu herrschen. Sie liegt unter der afrikanischen Sonne in ihr Tal geschmiegt und schläft. Ihre roten Eisendächer und schmiedeeisernen Balkone zeugen von einer fernen Zeit längst vergessenen Unternehmungsgeistes. Ihre Straßen säumen Jacarandabäume, und in ihren Gärten prangen blühende, dunkle Veranden. Alles wächst augenblicklich und hört fast genauso augenblicklich wieder auf zu wachsen. Die Zeit und das Klima vereinigen sich zu üppigem Wachstum und zu seinem Gegenteil.

Und Piemburg wuchs mit seiner Garnison, und beim Abzug der Garnison legte es sich zum Sterben hin. Oder vielmehr zum Schlafen. Als Hauptstadt von Zululand war es nach der Unterwerfung des Volks der Zulus durch das britische Empire aufgeblüht. Im ersten Rausch dieses gefeierten Sieges wurde Piemburg, damals eine winzige Siedlung, die von ihren afrikaansen Gründern längst verlassen worden war, zur Hauptstadt gemacht. Bürgerhäuser breiteten sich geradezu epidemisch in Gestalt von Säulenhallen und rotem viktorianischem Backstein aus. In der Villa des Gouverneurs funkelten italienische Marmorböden, venezianisches Glas und all die Ingredienzien imperialen Glanzes. Der Bahnhof, ein Ausbund an Metallverzierungen und Fayencen, stellte den angemessenen Zwischenhalt für die Züge des Vizekönigs dar, die auf ihrem Weg zu ferneren und weniger attraktiven Besitzungen des Empires im Hinterland von Afrika durch Piemburg kamen. Und als die großen Dampfmaschinen die kurvenreiche Steigung zum Kaiserblick hinaufpusteten, dem Berg über Piemburg, und ihre edle Last zu einem frühen Tod durch Tsetsefliege oder Malariamoskito trugen, da blickten monokel- und schnurrbartgeschmückte Herren heiter hinab auf die Hauptstadt von Zululand und murmelten: ›Ein Kleinod, ein Juwel in einem grün und gelben Ring.‹ Und dann wandten sie sich wieder um und studierten die durch und durch fehlerhaften Generalstabskarten ihrer neuen Territorien.«

Kurz gesagt:

»In Piemburg stand die Zeit still, abzulesen nur am Staub, der sich auf den Häuptern der ausgestopften Löwen sammelte, die im Alexandra Club vermoderten, und am leise vor sich hin tröpfelnden Snobismus. Piemburgs Mittelmäßigkeit war boshaft und wartete geduldig darauf, dass etwas passierte.«

Dann passiert eine ganze Menge. Miss Hazelstone, ein ehrenwertes Mitglied der High-Society, erlegt ihren Zulu-Koch, der überdies ihr Liebhaber war, mit einer Elefantenflinte auf ihrem Anwesen Jacaranda House. Kommandant van Heerden, der neue, tumbe Polizeichef, nimmt die

Landschaft um Oudtshoorn

Ermittlungen auf und versucht den Vorfall mit allen Mitteln zu vertuschen. Ihm zur Seite – und nicht selten im Weg – stehen Luitenant Verkramp und der langjährig folter- und morderprobte Wachtmeister Els, der »sich einfach nicht vorstellen konnte, wie man ohne ein bisschen Gewaltanwendung aus einem Unschuldigen ein Geständnis herausholen sollte« und »solange er Polizeibediensteter war, schon jede Menge Zulu-Köche erschossen hatte.« Doch nicht nur auf Schwarze, auch auf die eigenen Leute schießt Wachtmeister Els scharf. Versehentlich befördert er 21 Polizisten ins Jenseits und schiebt das Mißgeschick dem Bruder Miss Hazelstones, einem Bischof, in die Schuhe, der deshalb inhaftiert wird. Mit herrlich versponnenen Ketten grotesker Szenen gießt Tom Sharpe kübelweise Spott über Südafrikas weiße Oberschicht, die Bürokratie, hierarchische Strukturen und verkrustete Institutionen. *Tohuwabohu*, teils derb, aber immer schlüssig, ist eine Dauerspitze, die im Original 1971, inmitten der institutionalisierten Apartheid, erschien. Ausgehend vom Mikrokosmos Pietermaritzburg gilt es, sich derlei historische Vorzeichen auch bei folgender Passage zu vergegenwärtigen:

»Miss Hazelstone und Jacaranda House waren praktisch nationale Institutionen. Ihre Feuilletons über gesellschaftliche Umgangsformen und feine Lebensart erschienen in jeder Zeitung des Landes, ganz abgesehen von ihren vielen Artikeln in den besseren Frauenzeitschriften. Wenn rauskäme, dass die Wortführerin der englischen Gesellschaft in Zululand ihren schwarzen Koch ermordet hatte, oder wenn sich in schwarze Köche zu verlieben plötzlich der Kategorie feiner Lebensart zugerechnet würde und diese Mode sich ausbreitete, wie es sehr wohl passieren könnte, dann würde Südafrika innerhalb eines Jahres farbig werden. Und wie stand es mit der Wirkung auf die Zulus selbst, wenn sie hörten, dass einer von ihnen was mit der Enkelin des Großen Gouverneurs Sir Theophilus Hazelstone in Sir Theophilus' eigenem Kral, Jacaranda Park, gehabt hatte, und das überreichlich, praktisch legal und auf ihr Drängen? Kommandant von Heerdens Fantasie schweifte von Massenvergewaltigungen durch Tausende von Zulu-Köchen weiter zu Eingeborenenaufständen und langte schließlich beim Rassenkrieg an. Luitenant Verkramp hatte in seinen Berichten nach Pretoria also doch Recht gehabt. Er hatte erstaunlichen Scharfblick bewiesen. Miss Hazelstone und ihr verfluchter Zulu-Koch waren allen Ernstes im Stande, dreihundert Jahren weißer Herrschaft in Südafrika ein Ende zu bereiten. Was noch schlimmer war: Er, Kommandant van Heerden, würde dafür verantwortlich gemacht werden.«

Zum Abschluß noch ein kurzer Wortwechsel zwischen dem Bischof, der wegen 21 fachen Polizistenmordes seiner Hinrichtung entgegensieht, und einem Kaplan, der ihm kurz davor beisteht:

»›Kommen Sie öfter her?‹, fragte er.

›Ins Gefängnis?‹

›Nach Südafrika, obwohl das ja ziemlich dasselbe ist.‹

Der Kaplan überhörte diese Bemerkung.«

Im Juni 1893 war Pietermaritzburg Schauplatz einer Episode, die eine nachhaltige Wirkung im Leben des Mahatma Gandhi auslöste. Gandhi, eine Woche zuvor mit dem Schiff aus Indien in Durban eingetroffen, ist im Zug unterwegs nach Pretoria. Er reist in einem Wagen erster Klasse. Am Abend erreicht der Zug die Station von Pietermaritzburg. Folgen wir seinen eigenen Worten in *Mein Leben*:

»In dieser Station wurden gewöhnlich die Betten gemacht. Ein Eisenbahnbediensteter kam herein und fragte mich, ob ich eins wollte. Ich dankte, und er ging wieder. Aber dann kam ein Reisender und schaute mich von oben bis unten an. Er sah, daß ich ein ›Farbiger‹ war – das störte seinen Frieden. Also schoß er hinaus und kam gleich darauf mit einem oder zwei Beamten zurück. Zunächst sagte keiner ein Wort, bis ein dritter Beamter zu mir kam und sagte: ›Kommen Sie mit, Sie müssen ins Gepäckwagen-Abteil!‹

›Aber ich habe eine Fahrkarte erster Klasse‹, erwiderte ich.

›Das macht nichts. Ich sage Ihnen, Sie müssen ins Gepäckwagen-Abteil.‹

›Man hat mich in Durban in diesem Abteil sitzen lassen, und ich bestehe darauf, weiter hier sitzen zu bleiben.‹

›Nein, das werden Sie nicht‹, sagte der Beamte, ›Sie müssen hier raus, oder ich muß einen Schutzmann rufen, damit er Sie rauswirft.‹

›Ja, das können Sie‹, antwortete ich. ›Ich weigere mich, freiwillig herauszugehen.‹

Der Schutzmann kam. Er nahm mich beim Arm und stieß mich hinaus. Mein Gepäck wurde auch herausgenommen. Ich weigerte mich, in das andere Abteil einzusteigen, und der Zug dampfte ab. Ich nahm meinen Handkoffer und setzte mich in den Wartesaal; das große Gepäck ließ ich, wo es war; die Bahnbeamten nahmen es in Gewahrsam.«

Fröstelnd – innerlich wie äußerlich – kreisen Gandhis Gedanken nachts im Wartesaal um die Demütigungen: »Die Belästigungen, die ich persönlich hier zu dulden hatte, waren nur oberflächlicher Art. Sie waren nur ein Symptom der tiefer liegenden Krankheit des Rassenvorurteils.

Ich mußte, wenn möglich, versuchen, diese Krankheit auszurotten und die Leiden auf mich nehmen, die daraus entstehen würden.« Gandhi-Biograph Matthias Eberling gibt der Analyse eine tiefere Dimension und zeichnet aus Kenntnis der Zusammenhänge den Weg in die Zukunft vor:

»In jenen finstern Stunden begriff Gandhi, dass es auch im Britischen Empire ein Kastensystem gab. Formal war er zwar anerkannter Rechtsanwalt und gleichberechtigter Bürger des weltumspannenden British Empire, in der Realität jedoch blieb er ein Kuli, ein farbiger Arbeiter, mit dem kein Brite das Zugabteil teilen wollte. Der hochbegabte Jurastudent aus London musste in der Provinz des Imperiums lernen, dass seine edle Kastenzugehörigkeit in der Welt der weißen Sahibs nichts wert war. Die Erfahrung in Südafrika lehrte ihn, dass er in den Augen der Kolonialmacht niemals gleichberechtigt sein würde – egal, wie sehr er westliche Bildung, westliche Werte oder westliche Kleidung adaptieren würde. Die Demütigung in einem südafrikanischen Zugabteil legte den Grundstein für den späteren gedanklichen und optischen Wandel: das Lendentuch der Ärmsten statt Maßanzug und Melone; wenn schon nur Bürger zweiter Klasse, dann mit aller Entschlossenheit. Gandhi war in seiner Haltung konsequent: Entweder bin ich Teil des Systems, oder ich bin es eben nicht.«

In der Church Street, Pietermaritzburgs zentraler Straße, erinnert ein Bronzedenkmal an Mahatma Gandhi. Geblieben ist überdies eine gewisse indische Prägung, erkennbar an religiösen Zentren wie dem Hindutempel Sri Siva Soobramoniar.

Nordwestlich von Pietermaritzburg können wir uns in der Folge auf eine Reihe lohnenswerter Abstecher in die Natur einstellen, beginnend mit dem 95 Meter hohen Wasserfall von Howick und dem Midmar Nature Reserve. Weiter westlich der nach Johannesburg führenden N3 legen sich mehrere Naturschutzgebiete wie ein Kranz um die Grenze zu Lesotho, darunter der Garden Castle State Forest, das Vergelegen Nature Reserve und der Monk's Cowl State Forest. Der Sammelbegriff der Schutzareale lautet uKhahlamba Drakensberg Park, den die Unesco mit dem Prädikat eines Weltnaturerbes geadelt hat. Allgegenwärtig sind die **Drakensberge**, die über 3000 Meter hoch aufragen und im Südwinter Hauben aus Eis und Schnee tragen können. Für die Zulu klangen die Sturmböen, die durch das Gebirge fegten, wie Krieger, die auf ihre Schilde schlugen. Sie nannten die Gebirgskette uKhahlamba, »Wand der aufgestellten Speere«, während die Afrikaaner die zerklüfteten Berge mit dem Rücken eines Drachen verglichen. Daher der Name Drakensberge, »Drachenberge«. Fantasiereich klingen auch die Namen einzelner Formationen, Basalt- und Sandsteingipfel: die »Gigantenburg« Giant's Castle im Giant's Castle Game Reserve, der »Teufelszahn« Devil's Tooth und die »Kathedralspitze« Cathedral Peak. Über die Drakensberge verteilen sich einzigartige Hinterlassenschaften der San, besser bekannt als »Buschmänner«: Felsmalereien an Überhängen und Höhlenwänden, rund 40 000 urzeitliche Kunstwerke, zuweilen 3000 Jahre und älter. Unter den Motiven kommen Wildtiere vor, deren Bewegungsabläufe detailgetreu abgebildet sind, doch ihre Bedeutung könnte, so die verbreitete These, über die augenscheinliche Darstellung hinausreichen. Forscher mutmaßen, daß einige Malereien von Schamanen im Trancezustand gezeichnet wurden und ihnen damit eine spirituelle Bedeutung zukommt. Exemplarische Zeugnisse der *Rock Art* finden sich unter anderem im Giant's Castle Game Reserve und im

Kamberg Nature Reserve mit dem Kamberg Rock Art Centre.

Entlang der N3 öffnen sich immer wieder Einstiege in Richtung der unter Wanderern und Bergsteigern beliebten Drakensberge: ob in Mooi River oder Estcourt oder weiter nordwestlich in Winterton, Bergville und Harrismith. Unterkunft bieten diverse Lodges, Hotels und Hüttencamps. Obenan in der Wanderergunst steht der 1916 begründete Royal Natal Nationalpark mit dem 948 Meter hohen Tugela-Wasserfall und der spektakulären Felswand des »Amphitheaters«; ab Harrismith führt die Parkzufahrt über den Oliviershoek-Paß. Den Nordabschluß der Naturschutzgebiete an der Grenze zu Lesotho bildet der Golden Gate Highlands Nationalpark, der ebenfalls über Harrismith erreichbar ist. Geprägt von den Ausläufern der Maluti Mountains, erhielt der Park wegen der goldenen Lichtspiele der Sandsteinfelsen im Sonnenschein seinen Namen. In der Tierwelt sind Bartgeier, Zebras, Springböcke und Elenantilopen vertreten. Es gibt verschiedene Wanderwege und Unterkünfte, darunter das Glen Reenen Rest Camp. Hinter Harrismith, Verkehrsdrehkreuz und Landwirtschaftszentrum zuvorderst für Baumwolle, zieht sich die N3 etwa 250 Kilometer nordwestwärts nach Johannesburg (siehe nächstes Kapitel).

Zurück zur Weggabelung bei Durban. Option Nummer zwei für die Weiterfahrt ist die küstennahe N2, die uns auf einer Ringstraße an den Elendsquartieren Durbans vorbei hinausführt. Später wird die Landschaft allmählich hügelig, während der Küstenstrich zwischen dem Ferienzentrum Umhlanga Rocks und der Mündung des Tugela River als »Delphinküste«, **Dolphin Coast**, Bekanntheit genießt; der

Namensschmuck bezieht sich auf die Großen Tümmler, die hier beobachtet werden können. Um Tongaat breiten sich Zuckerrohrplantagen aus; das Städtchen bildete Mitte des 19. Jahrhunderts die Wiege des südafrikanischen Zuckerrohranbaus. Tongaat Beach steht neben Ballito an der Spitze populärer Strand- und Urlaubsstützpunkte an der Dolphin Coast. Entlang der N2 hält sich das Meer auf Distanz, vor Empangeni sieht man Bananenplantagen, auf Höhe der Hafenstadt Richards Bay drängt wieder Zuckerrohr an die Straße heran.

In den Weiten des Hinterlands liegen um Ulundi die **Gebiete des historischen Zululands,** die mit blutigen Erinnerungen verbunden sind. Erinnerungen an den tyrannischen Zulukönig Shaka (um 1787-1828), der sein Miniheer in eine Armee verwandelte und Stamm um Stamm unterwarf, bis ihn seine Halbbrüder Mhlangana und Dingane in einen Hinterhalt lockten und ermordeten. Erinnerungen auch an nachfolgendes Unheil, bei dem – neben Zuluthronfolger Dingane – die Voortrekker (Buren) ins Spiel kommen, die in Wagenkolonnen von der britischen Kapprovinz auf der Suche nach einer neuen Heimat ins Landesinnere zogen. In seinem historisch-völkerkundlichen Buch *Zulu – Volk des Himmels* zeichnet Uli von Kapff die Geschichtsfäden nach:

»Piet Retief, Anführer einer solchen Kolonne, hatte sein Auge auf das fruchtbare Natal geworfen, das Königreich der Zulus. Bei einer Audienz versprach ihm König Dingane alles Land zwischen dem Tugela und dem Mzimvubu Fluß unter der Bedingung, daß die Buren ihre freundschaftliche Gesinnung beweisen, indem sie gegen den Viehdieb Häuptling Sikonyela zu Felde ziehen. Dingane hätte ohne weiteres die Vernichtung Sikonyelas mitsamt dessen Stamm

Impalas im Hluhluwe Umfolozi Park

durch seine eigenen Regimenter anordnen können, aber listigerweise wollte er die Gefährlichkeit der Vortrecker testen.

Sikonyela wurde gefangen und gestand seine Schuld. Mit der Beute von 700 Rindern, 63 Pferden und 11 Gewehren eilte Retief mit einer hundertköpfigen Abordnung zu Dingane, um den Vertrag zu besiegeln. Der beeindruckte König ließ unter dem Vorwand eines großen Tanzes der Freundschaft alle Zulu-Regimenter aufmarschieren und gab dann den unerwarteten Befehl: ›Bambani aba Thakath!‹ (›Tötet die Zauberer!‹). Die überraschten Buren waren wehrlos, ihre Waffen lagen als Geste der friedlichen Absicht am Zugang zur königlichen Hauptstadt. Nach dem Massaker schwärmten alle Krieger aus und fielen über die tausend ahnungslosen Familien her, welche nach Jahren entbehrungsreichen Trekkens ihre neuen Farmen abstecken wollten. Nur wenige Entkommene versammelten sich tief im sicheren Landesinneren und schworen Vergeltung. Zehn Monate später zogen 464 mit Vorderladern bewaffnete Buren nach Zululand. Auf einer Landzunge des Ncome Flusses bildeten sie mit ihren 64 Ochsenwagen eine Wagenburg und verbrachten den Rest des Tages mit Gottesdiensten. Am Morgen des 16. Dezember 1838 nahmen 10 000 Zulus die primitive Befestigungsanlage in die Zange und das Gemetzel endete erst am späten Nachmittag. Auf dem Schlachtfeld blieben 3000 Krieger zurück, das Wasser des Flusses war vom Blut rot gefärbt und nur vier Buren trugen Verletzungen davon. Die Schlacht am Blutfluß beendete die militärische Macht der Zulus und öffnete Natal zur freien Besiedlung.«

Damit war die Rechnung auf Dauer ohne die Zulus gemacht. Jahrzehnte später feierten sie eine militärische Wiedererstarkung, was nunmehr die Briten auf den Plan rief. Nach dem Verstreichen des Ultimatums, die Zuluarmee innerhalb eines Monats aufzulösen, begann Anfang 1879 die Invasion Zululands und endete – trotz einer anfänglichen Niederlage in der Schlacht bei Isandhlawana – mit dem Sieg der haushoch überlegenen Briten. Die Konflikte um die Vorherrschaft in der Region waren damit aber nicht aus der Welt geschafft. Bald bekriegten sich Briten und Buren, traurige Höhepunkte waren die Jahre 1899 bis 1902. Das Ende vom Lied: die Kapitulation der eigenständigen Burenrepubliken Oranjefreistaat und Transvaal. Wer heute durch die beschaulichen Landschaften fährt, vermag sich kaum auszumalen, was sich dort an Dramatik abspielte. »Schlachtfeldregion«, Battlefield Region, so nennt man das Viereck Ulundi – Vryheid – Ladysmith – Estcourt. Als »Höhepunkt«, falls man es in diesem Zusammenhang als solchen bezeichnen darf, sticht ein Stopp am Blood River Monument mit der in Bronze nachgebildeten Wagenburg der Buren heraus.

Erfreulicher nimmt sich eine Reise durch die Gegenwart aus, die hilft, die Zulus, ihren Lebensraum und ihre Traditionen besser zu verstehen. Dazu gehören der Alltag in den Dörfern (*Kraals*), das Bierbrauen, die Tätigkeiten der Schamanen (*Sangomas*) und überhaupt die Verbindungen von Glaubens- und Aberglaubenswelten, wie Uli von Kapff darlegt:

»Auf dem Lande finden nach wie vor traditionelle Beerdigungsrituale statt. Die einzige Person, welche innerhalb des Kraals bestattet wird, ist der Patriarch. Dieser erhält seine letzte Ruhestätte innerhalb des Viehkraals. Man bestattet den Toten oftmals in einer sitzenden Position und in die Haut eines schwarzen Bullen eingenäht. Dort ist der

Verstorbene seinem wertvollsten irdischen Besitz, den Kühen, am nächsten. Alle anderen Personen werden außerhalb des Kraals begraben. Früher wurden die Verstorbenen einfach irgendwo abgelegt und den Hyänen und Aasgeiern überlassen. Einem Leichnam mißt man wenig Bedeutung bei, die Seele wird verehrt und ihr werden ständig Opfergaben dargebracht, um den fortdauernden Schutz über die Nachkommen zu sichern. Sollte der Chief an einem anderen Ort gestorben sein, so wird seine Seele heimgeholt. Dazu begibt sich eine Gesandtschaft der Familie mit einem kleinen Ast der Büffeldorn-Akazie (*Ziziphus mucronata*) zum Ort des Dahinscheidens. Dort schlüpft der Geist in den Zweig und die Abordnung tritt den Heimweg an. Der Träger des Astes spricht während der Reise ständig mit dem Geist des Verstorbenen und hält ihn über alle Geschehnisse auf dem laufenden. Ansonsten darf er sich an keiner Kommunikation beteiligen, da die Seele sonst entschlüpfen könnte. Auf der Heimreise wird für den Verstorbenen eine Fahrkarte gekauft, er bekommt einen Platz bei den Mahlzeiten, kurz, er wird wie ein lebendiger Begleiter behandelt. Im Kraal angekommen legen die Angehörigen den Zweig in den Viehkraal, wo er von den Kühen gefressen wird und sie dadurch die Seele in sich aufnehmen. Sollte die Familie ihren Wohnort wechseln, so werden durch ein ähnliches Ritual die Geister der Verstorbenen mitgenommen.«

Fern der Battlefield Region, durch die mittlerweile eine »Battlefields Route« verläuft, führt unsere Reise nördlich von Richards Bay weiter über die N2. Straßenstände bersten vor Bananen und Ananas, Minibusse stoppen an jedem Strauch. Man trifft auf Laster vollbeladen mit Zuckerrohr, Kinder in Schuluniformen und kleine Rinderherden. Auf der Höhe von Mtubatuba und Hluhluwe breiten sich

Flußpferde im iSimangaliso Wetland Park

beidseits der N2 zwei der schönsten Naturschutzgebiete Südafrikas aus: rechts der iSimangaliso Wetland Park (vormals: Greater St. Lucia Wetland Park), links der Hluhluwe Umfolozi Park. Der **iSimangaliso Wetland Park** zählt zum Weltnaturerbe der Unesco und erstreckt sich mit seinen Stränden, Dünen und Buchten über 300 000 Hektar und 220 Küstenkilometer hinauf bis zur Grenze nach Mozambik. Gewässer wie der riesige Lake St. Lucia sind Lebensräume von Krokodilen und Flußpferden – Zeit für eine Bootstour! Als Startpunkt fungiert der Ferienort St. Lucia, der mit seinen fein herausgeputzten Villen und Unterkünften zwischen dem Lake St. Lucia und einem breiten Sandstrandgürtel liegt. In gemächlichem Bootstempo ziehen Mangroven und winzige Anlegestege vorbei, dann wird es spannend. Was aussieht wie glänzende Felsbuckel, die aus dem Wasser ragen, sind Rücken von Flußpferden. Auf der Ausflugstour hält man Sicherheitsabstand, denn, so erzählt der Guide an Bord: »Flußpferden ist nicht zu trauen. Sie können jeden Moment attakkieren und ein kleines Boot ohne Probleme umkippen.« Zusammen mit den Büffeln gehören die plumpen Tiere zu den gefährlichsten Spezies im afrikanischen Busch. Die Männchen wiegen leicht und locker zwei Tonnen. Nachts legen Flußpferde auf Nahrungssuche bis zu fünf Kilometer zurück, über Land, wohlgemerkt. Auch die Ausschau nach Krokodilen ist bei Bootstouren meist von Erfolg gekrönt. Reglos harren die Echsen im Uferschlick aus und können im selben Moment pfeilschnell ins Wasser schießen. Die »Baden-verboten«-Schilder in St. Lucia scheinen da fast überflüssig.

Im **Hluhluwe Umfolozi Park** kann man noch andere Ausgeburten der Urzeit beobachten, die einst in Unmengen wegen ihres potenzverheißenden Horns abgeschlachtet wurden: das Spitzmaulnashorn (engl.: *black rhino*) und das größere Breitmaulnashorn (*white rhino*). Hier, in einem der ältesten Wildparkgebiete Afrikas, 1895 gegründet, sind über 2000 Nashörner heimisch, was beste Entdeckungschancen verheißt. Wer zwischen Wasserlöchern und Savanne nah an die Rhinozerosse herankommt, hört deutlich ihre Grunz- und Schnaublaute. Motorenlärm scheint sie nicht besonders zu stören. Trotz seiner Wildbestände, der einsamen Hügelhöcker und Grasländer wirkt der Park stellenweise überzivilisiert. Manche Streckenabschnitte sind asphaltiert und kommen Selbstfahrern entgegen, Lodges und Camps bieten innerhalb der Parkgrenzen Unterschlupf. Spätestens in Parks wie diesem gilt es, sich mit Südafrikas Zahlenkunde zur Wildnis vertraut zu machen: mit den *Big Five*, nämlich Nashorn, Löwe, Leopard, Elefant und Büffel. Wer alle fünfe entdeckt, darf sich in die Elite der Tierbeobachter aufgenommen fühlen.

Dreh- und Angelpunkt der Gegend ist der Ort Hluhluwe nahe der N2, umliegende Guest Houses und Lodges bieten eine breite Palette an Unterkünften. Rundherum leben die Einheimischen den afrikanischen Alltag: mit Straßenmarktständen, Fahrradfahrern im Pistenstaub, Menschenfrachten auf überladenen Pick-up-Ladeflächen, einem ausrangierten Wohnwagen als Haarschneidestübchen und auch mal einer Siesta in einer Schubkarre. Die Weiterfahrt ab Hluhluwe trägt uns in Richtung der Grenze zu Swaziland. Wer die N2 verläßt, gerät ins dörfliche Busch- und Grassteppenland, dort, wo Rundhütten an kupferbraunen Hängen kleben, die Staubfahne auf der Piste das nahende Fahrzeug verrät und Kinder, barfuß und mit Plastikeimern in den Händen, die Wasserstellen umringen. Die Älteren harren im Schatten aus, Rinder laufen frei herum.

Um die Durchgangsstädtchen Mkuze und Pongola breiten sich Riesenkakteen, Baumwoll- und Zuckerrohrfelder aus. Weit südlich von Pongola liegt eines der zahlreichen privaten Wildschutzgebiete, die sich als *Private Game Reserves* über Südafrika verteilen und Luxus mit Naturerleben verbinden: das **Mkuze Falls Private Game Reserve**. Obgleich von Elektrozäunen umzogen, ist ein Private Game Reserve meist mehr als ein etwas größer geratener Freiluftzoo. Das Wild bleibt wild und gibt selbst bei regelmäßig angesetzten Pirschfahrten, den *Game Drives*, keine Garantie der Erlebnisausbeute. Gegen eine Rundum-Kontrolle in der Wildnis sprechen überdies Haftungsausschlußformulare, die es bei Ankunft zu unterzeichnen gilt. Game Drives – früh am Morgen oder später am Abend in Begleitung eines Wildhüters, des *Game Ranger* – richten sich stets nach dem Rhythmus der Tiere. In einer Reportage meines Bildbandtextes *Südafrika* habe ich eine typische Pirschfahrt geschildert:

Nacht in der Wildnis. Hinter jeder Kurve lauert Gefahr. Auf dem seitlichen Kühlersitz hält *Tracker* Sibusiso, der Fährtensucher, angespannt Ausschau. Sein Handscheinwerfer zuckt über dornige Äste und Ranken. Die Mondsichel hängt am Himmel, das Sternenzelt ist in vollster Blüte erstrahlt. Unter dem Kreuz des Südens rollt der Landrover über den steinigen Waschbrettbelag der Piste. Am Steuer: Ranger Daan, ein echter Naturkerl, aufgewachsen auf einer Farm ein paar Autostunden südlich von Kimberley. Die braven Schafe der Heimat hat er gegen wildes Getier im Private Game Reserve Mkuze Falls getauscht. Vorsicht begleitet ihn auf jedem Trip, das Gewehr liegt griffbereit in der Halterung über dem Lenkrad. »Geladen mit echten Patronen«, sagt Daan, »im Notfall hilft kein Betäubungsschuß, dann mußt du im Bruchteil einer Sekunde entschei-

Löwe, Private Game Reserve Mkuze Falls

den.« Spontan benutzt hat er die Waffe zum Glück noch nie.

Insekten umschwirren Sibusisos Lampe. Plötzlich kommt Leben aus dem Busch. Im Lichtkegel sprengen Impalas davon, in der Ferne huscht eine Ginsterkatze ins Gesträuch. Ein paar Aasgeier hingegen fühlen sich durch Lärm und Leuchten nicht gestört. In gefräßiger Vorfreude auf den nächsten Kadaver hocken sie wie angewurzelt auf einem blattkahlen Baum. Die nächste Biegung bringt Sibusiso auf Trab, die motorisierten Abenteurer bekommen den erhofften Kick. Daan bremst abrupt, wirft kurz den Rückwärtsgang ein, hektisch verläßt der Tracker seinen Frontausguck und wählt den sicheren Beifahrersitz. Löwe in Sicht! Ranger Daan schaltet den Motor ab. In die Gesänge des afrikanischen Buschs mischt sich ein kaum hörbares Rascheln und Knacken von Zweigen. Der König der Tiere ist eine Königin. Sie schleicht geradewegs auf das Fahrzeug zu. Geschmeidig, erhaben, wachsam. Fünfzehn Stunden und länger könnten Löwen ruhen, flüstert Daan seiner Gästefracht zu, doch nachts erwache ihr wahrer Instinkt. »Dann verwandeln sie sich in echte Killermaschinen«, wispert er und vermutet weitere Tiere in nächster Nähe. Niemand ist vor den Raubkatzen sicher. Mit Kudus und anderen Antilopen ist der Tisch im Reservat reich gedeckt. Eine kleine Gazelle reicht hungrigen Löwen allenfalls als Appetizer, nach ein paar Minuten klebt kaum mehr Fleisch an den Knochen. Gut, daß der Mensch nicht auf dem ureigenen Speiseplan steht. Auch heute nicht. Die Löwin dreht ab, verschwindet im hüfthohen Gras. Später wird sie am »Wasserloch« der Lodge reichlich Gesprächsstoff bieten: in der Waterhole Bar, einem Hort der kühlen Drinks und brandheißen Storys von den Erlebnissen des Tages ...

Soweit die Reportage. Wer den Aufenthalt in einem Private Game Reserve bucht, weiß, was er sucht: eine elitäre Insel in der Wildnis mit Komfort und Abenteuereffekt. Mitunter gehört eine private Landebahn für Buschflieger dazu. Daß all dies – ebenso wie Kudu- und Impalasteaks im feudalen Lodgerestaurant sowie arrangierte Folkloreauftritte, die eher peinlich berühren als begeistern – nicht jedermanns Geschmack trifft, versteht sich von selbst.

Auf dem Weg zum letzten Ziel dieses Kapitels, dem Krüger-Nationalpark, bleibt das Königreich Swaziland zur Rechten liegen. Um das nach dem Voortrekker-Führer benannte Piet Retief breiten sich Käse- und Milchfarmen aus, um Amsterdam liegen größere Stauseen. Nach längerer Fahrt – über Carolina-Machadodorp oder Badplaas mit Möglichkeiten für Abstecher ins einstige Goldminenstädtchen Barberton und ins Songimvelo Nature Reserve – ist **Nelspruit** erreicht, die Hauptstadt der Provinz Mpumalanga. Fluggästen ist der internationale Kruger Mpumalanga Airport ein Begriff, von wo aus die Fahrt in weniger als zwei Stunden zu feudalen Private Game Reserves am Rand des Krüger-Nationalparks führt. Unterwegs geht es vorbei an Waldhügeln, Eukalyptushainen, Orangen- und Bananenpflanzungen. Wer ein wenig in Nelspruit bleiben will, merkt sich den Lowveld National Botanical Garden als Besuchsziel vor; ein längerer Ausflug führt westwärts zu den Sudwala Caves. Nelspruit liegt im Tal des Crocodile River, vormals bekannt als Ngwenya River – *Ngwenya* bedeutet in der Sprache der Swazi »Krokodil« –, ein Fluß, der Richtung Mozambik die Südgrenze des Krüger-Nationalparks absteckt. Am Ngwenya läßt die begnadete südafrikanische Geschichtenerzählerin Gcina Mhlophe (*1958) ihre Kurzgeschichte *Das Krokodil* spielen und macht die

Auswirkungen der Apartheid bis in den letzten Landeswinkel greifbar:

»In den sechziger Jahren hatten die Zwangsumsiedelungen in vielen Teilen Südafrikas einen Höhepunkt erreicht. Wie jede andere Familie kämpfte auch die Familie von Mr. Mkhize darum, am Ort ihrer Geburt bleiben zu können. Die Regierung bot den Leuten ein paar tausend Rand an, doch ließen sich die Menschen nicht täuschen, sie wußten genau, daß es nicht genug war. Außerdem war es nicht Geld, was sie wollten, sondern als Dorfgemeinschaft wollten sie auf dem Land ihrer Vorfahren in Ruhe gelassen werden. Die Regierung jedoch dachte nicht daran, sich umstimmen zu lassen, selbst dann nicht, als die Ältesten des Dorfes eine Delegation entsandten mit der Bitte, ihre Häuser vor der Zerstörung zu bewahren.

Sehr früh an einem heißen Dezembermorgen kamen die Bulldozer. Alles ging ganz schnell. Die Fahrer stellten sich taub und taten, als hörten sie nicht das Schreien der verängstigten Kinder, das Gackern der Hühner und das traurige tiefe Muhen der Rinder. Die meisten Leute rannten wie wahnsinnig hin und her und versuchten, ihre Habseligkeiten vor dem Zugriff der monströsen und rücksichtslosen Bulldozer zu retten. Die Familie Mkhize stand mit den anderen dabei. Sie mußten zuschauen, wie ihre schönen Häuser, ihre Gemüsegärten und die Gräber ihrer Vorfahren einfach dem Erdboden gleichgemacht wurden. Gegen Mittag gab es das Dorf nicht mehr, das so stolz im schönen Tal des Ngwenyaflusses gelegen hatte. Nichts war übriggeblieben als Schutt und eine riesige Staubwolke, die voller Trauer über dem Tal hing.

In dem Tal hatten viele Familien eine Heimat gehabt. Mit einem der alten Männer des Dorfes war Mr. Mkhize sehr befreundet gewesen. Mkhulu Ngwenya hatten sie ihn genannt – Old Man Ngwenya. Er wurde von allen im Dorf hoch geachtet; hatte jemand Probleme oder gab es Streit, so suchte man stets ihn auf. Er war nicht der älteste Mann im Dorf, auch war er nicht der Dorfvorsteher, aber irgendwie vertrauten die Leute ihm und seiner Weisheit.

An jenem schrecklichen Dezembermorgen, als die Bulldozer kamen, saß Old Man Ngwenya, den Kopf in beide Hände gestützt, auf einem Stein. Die Augen hielt er fest geschlossen – dies alles mitansehen zu müssen, war ihm unerträglich. Und so müde sah er aus, daß niemand ihn anzusprechen wagte. Alle schienen es zu achten, daß er mit seinen Gedanken und seinem Kummer allein sein mußte.

Die Lastwagen waren gekommen, die ihre Habseligkeiten an einen fremden Ort draußen in der Wildnis bringen sollten.«

Mhlophes dramatisch beginnende, sehr emotionale Kurzgeschichte ist nicht ausnahmslos als Abrechnung mit dem Apartheidregime zu interpretieren, als verklärter pessimistischer Rückblick. Am Ende steht die Hoffnung: der Tag der freien Präsidentschaftswahl 1994. Triumph und Genugtuung nicht nur für den Gewinner Nelson Mandela, sondern auch für Mr. Mkhize:

»Zum ersten Mal in seinem Leben würde er wählen. Er würde seine Stimme dafür abgeben, daß niemals mehr Bulldozer Macht über das Leben der Menschen hätten. Er betrat die Wahlkabine. Mit zitternder Hand hielt er den Stift und machte sein Zeichen. Als er wieder hinausging, fühlte er sich so erhoben, daß er sogar vergaß, seinen Spazierstock zu benutzen! Seine Frau, Old Man Ngwenya und Millionen anderer – sie alle waren da, vereint im Geist und getragen von einer einzigen mächtigen Welle des Triumphs!«

Die Kontraste zwischen der dramatischen Topographie der Hochebene und dem Busch des Lowveld prägen die Provinz Mpumalanga, in dem das Volk der Ndebele Verbreitung gefunden hat. Ihre kulturelle Identität bezeugen die Ndebele-Frauen mit ihren farbenfrohen, geometrischen Wandbemalungen, doch dahinter steckt mehr als bloße Zier. »Wanddekoration ist das Vorrecht der Frauen, sie kennzeichnet ihre einzigartige und intime Beziehung zu ihrem Indlu (Zuhause) und ist ihre passive Antwort auf ihre soziale und politische Ausbeutung« schreibt die Journalistin Margaret Courtney-Clarke in ihrem Werk über die Ndebele mit Blick auf die Individualität der Frauen inmitten einer streng patriarchalischen Gesellschaft. Besonderheiten der Frauen sind die aufwändigen Perlenstickereien, Röcke, Schürzen, Stirnreifen sowie geschichtete Ringe, die um Nacken, Arme und Beine getragen werden. Eine Presseschrift des Fremdenverkehrsamtes gibt Aufschluß: »Verheiratete Frauen, deren Ehemann ihnen noch ein Haus bauen muß, tragen eine breite beschlagene Kette, genannt Rholwani. Wenn das Haus fertig ist, wird der Ring durchtrennt und durch Ketten aus Kupfer, Messing oder Plastikbänder ersetzt, genannt Idzilo, deren Anzahl den Reichtum des Ehemannes ausdrückt. Dieser Schmuck ist dauerhaft, denn er kann nicht mehr entfernt werden, weil sich die Knochen und Muskeln an die Struktur anpassen.« Was die Wandmalereien und ihre Materialien betrifft, so arbeiteten die Künstlerinnen ursprünglich »mit ihren Fingern und Federn und benutzten Materialien aus der Natur – Ocker, Kuhfladen, Kreide sowie die Pigmente der weißen, roten, gelben und grauen Tonerde der Umgebung. Danach kam helles Blau dazu, gefolgt von kommerziellen Acrylfarben, die eine Vielzahl an Möglichkeiten eröffneten. Ein evolutionärer Prozeß, klar im Stil zu erkennen, der mit abstrakten, hypnotisierenden geometrischen Formen arbeitete und bald zeitgemäße Motive wie Flugzeuge, Autonummernschilder und Fernsehantennen beinhaltete. Bemerkenswert ist, daß die Muster noch heute mit freier Hand, ohne Entwürfe, Lineale oder mathematische Instrumente entstehen.« Einen Einblick in die Kultur gibt bei Middelburg das Ndebele-Museumsdorf von Botshabelo.

Zu Zeiten des Goldrauschs im 19. Jahrhundert durchforsteten Glücksritter **Mpumalanga**, ein Stück Geschichte, dem das denkmalgeschützte Pilgrim's Rest Tribut zollt. Die Goldfunde eines gewissen Alex Patterson machten 1873 den Anfang, dann gab es kein Halten mehr. Ziegelbauten, Bars, Geschäfte, eine Kirche und das Royal Hotel schossen aus dem Boden, es gab sogar eine eigene Zeitung; im Museumsdorf kann man beim Goldschürfen selber sein Glück versuchen. Die Holzwirtschaftszentren Graskop und Sabie blicken ebenfalls auf eine Goldgräbervergangenheit zurück, interessanter nehmen sich die Naturziele in der Umgebung aus: Wasserfälle wie die Mac Mac Falls und die Lone Creek Falls sowie das Blyde River Canyon Nature Reserve (auch: Blyderivierspoort Nature Reserve) mit seinen spektakulären Einschnitten und Felsformationen. Wunderschöne Ausblicke über das Lowveld öffnen sich mit dem »Fenster Gottes«, God's Window, an der »Panorama-Route«, die nördlich von Graskop beginnt und das Gebiet an die Westausläufer des Krüger-Nationalparks anbindet. Der Blyde River Canyon erstreckt sich von den zylindrischen Felsformationen der Bourke's Luck Potholes über eine Länge von rund 30 Kilometern bis zu den Three Rondavels nahe dem Blydepoort Dam.

Dem **Krüger-Nationalpark** (auch: Kruger National Park), Südafrikas berühmtestem Wildschutzgebiet, gebührt alleine wegen seiner Ausdehnung und entsprechend hoher Tierbestände eine Sonderrolle; seine Größe entspricht etwa der Hälfte der Schweiz. Initiator und Namensgeber des 1898 ins Leben gerufenen Parks war Paul Krüger (1825-1904), unter dessen Führung sich die Nachfahren der Voortrekker in Transvaal und Oranjefreistaat zunächst erfolgreich gegen die Herrschaft der Briten erhoben. Der Krüger-Nationalpark erstreckt sich über eine Länge von rund 350 Kilometern entlang der Grenzen zu Mozambik und Simbabwe und wird gerne mit einer Art Wildgehege verglichen, in dem die Wärter vergessen haben, die Gatter zu schließen. Bleiben wir ein wenig bei den Zahlen: 507 Vogel-, 147 Säugetier- und 114 Reptilienarten sind im Park dokumentiert. Das subtropische Klima bringt zwischen Oktober und Ende März heiße, regenreiche Südsommer mit sich. Dann verwandeln sich die trockenen Weiten in blühendes Land, doch die Tierbeobachtung gestaltet sich aufgrund des hohen Grases und der großen Auswahl an Wasserstellen schwierig. Im Südwinter dagegen, wenn zwischen April und September Trockenzeit herrscht und die Tiere zu den wenigen verbliebenen Wasserreservoirs ziehen, bekommt man sie leichter zu Gesicht.

Das Netz aus über 2500 Straßen- und Pistenkilometern macht den Park für Selbstfahrer zum Paradies, aber Distanzen und Fahrzeiten sollten ebensowenig unterschätzt werden wie die vergleichsweise hohen Preise und die Notwendigkeit einer frühzeitigen Planung für Übernachtungsgäste. Reservierungen für die beliebten Unterkünfte innerhalb der Parkgrenzen verlangen nach reichlich zeitlichem Vorlauf. Gleiches gilt für Mehrtageswanderungen auf den *Wilderness Trails*, die in Begleitung eines Rangers von Buschunterkunft zu Buschunterkunft führen. Buchungs- und ähnlichen Organisationsmühen war die Südafrikanerin Kobie Krüger nicht ausgesetzt. 1980 zog sie mit ihrem Mann Kobus, einem Wildhüter, und den drei kleinen Töchtern nach Mahlangeni, »eine der unzugänglichsten Ranger-Sektionen des Nationalparks«, wie sie in *Ich trage Afrika im Herzen* schreibt. Für mehr als ein Jahrzehnt sollte Mahlangeni der Familie zur Heimat werden. Kobie Krügers Erinnerungen reflektieren den Alltag im zivilisatorischen Abseits, den Zauber und die Gefahren der Wildnis. Persönlich, ehrlich, selbstironisch und eindringlich schildert sie Episoden, lustige, traurige und dramatische wie den Zusammenstoß mit einem Elefantenbullen. Um zu verhindern, daß er den Begrenzungszaun des Parks passierte und außerhalb des Naturschutzgebietes womöglich Jägern zum Opfer fiel, hatte Kobus den Bullen einige Zeit beobachtet:

»Gewöhnlich können die Game Ranger einen Elefanten durch laute Rufe und Händeklatschen dazu bewegen, den Zaun in Ruhe zu lassen, und wenn das Tier sich als hartnäckig erweist, genügen ein paar Schüsse in die Luft. Aber als Kobus an diesem Tag auf den Elefanten zuging, war der übellaunige alte Riese nicht zu Diskussionen aufgelegt und griff augenblicklich an. Kobus rannte hinter einen Baum und versteckte sich, aber der Elefant folgte ihm und suchte nach ihm. Als das mächtige graue Tier direkt auf ihn zu durch den Busch brach, gab Kobus seine Deckung auf und sprintete auf das Hochufer des Kleinen Letaba zu. Der Elefant raste hinter ihm her, die Ohren angelegt, den Rüssel unter der Brust, lautlos und mit tödlicher Entschlossenheit. Das einzige Geräusch, das Kobus hinter sich hörte, war das Poltern von Erdklumpen und Ästen, die von den Elefantenfüßen in die Luft geschleudert wurden.

Kobus erreichte das Hochufer und stürzte sich durch die verfilzte Vegetation abwärts, in der Hoffnung, dass der Elefant ihm nicht den steilen Abbruch hinunter folgen würde. Aber zu seiner Überraschung kam er die Uferböschung hinuntergebrochen. Als Kobus den weichen, tiefen Sand des Flussbetts unter den Füßen spürte, wurde ihm klar, dass er unmöglich schneller sein konnte als der Elefant.

Er drehte sich um und feuerte einen Warnschuss direkt neben die Füße des Elefanten in den Boden. Das ganze Flussbett dröhnte, als der Donnerschlag die Luft zerriss, aber der Elefant zögerte keinen Augenblick. Er war jetzt bis auf fünfzehn Meter herangekommen. Kobus hatte keine Zeit mehr zu verlieren. Er zielte mitten auf die Stirn des Giganten, aber dieser warf den mächtigen Kopf zur Seite, und das Geschoss flog an ihm vorbei. Jetzt hatte Kobus nur noch eine Patrone übrig. Mechanisch feuerte er zum dritten Mal. Er hörte weder das Krachen des Schusses, noch fühlte er den Rückstoß des Gewehrs; er starrte nur wie gebannt auf die riesige Stirn, die schon fast über ihm war. Der Elefant hörte auf zu rennen, seine Hinterbeine brachen ein, und dann sank er im Zeitlupentempo zu Boden. Der riesige Körper schlug mit hohlem Krachen auf der Erde auf.

Kobus blieb eine ganze Weile regungslos stehen. Dann ging er zu dem Elefanten hinüber. Nur neun Schritte hatten ihn von dem Tier getrennt. Neun menschliche Schritte, das sind etwa zwei Schritte für einen Elefanten.«

Kobie Krüger weiß um die Achtung des Stärkeren und die stillen Spielregeln bei Begegnungen zwischen Tier und Mensch im Busch:

»Manche Elefanten mögen keine Autos. Oft schon ist es mir passiert, dass ich mich einmal Nase an Nase mit einem

Dickhäuter wieder fand, wenn ich um eine Kurve herumfuhr. Und obwohl ich mich immer sehr beeile, demütig zurückzustoßen, zwingt mich der Elefant fast immer, mehrere hundert Meter rückwärts zu fahren, bevor er sich ausreichend davon überzeugt hat, dass mein Auto und ich seine Überlegenheit anerkennen.

Unser Chief Ranger, Dirk Ackerman, behauptet, dass ein Elefant, der ein Auto zum Halten bringt, indem er ihm den Weg verstellt und den Fahrer zwingt, rückwärts das Feld zu räumen, nur nach Gesellschaft sucht und mit jemandem spielen möchte.

Ich bin mir da nicht so sicher.

Und selbst wenn es so wäre, habe ich keine Lust, mit einem Elefanten zu spielen.

Dazu bin ich zu klein.«

Im Vordergrund steht der Respekt vor der Natur, ihre einzigartige Faszination:

»Meine liebste Tageszeit in Mahlangeni war die Stunde vor Sonnenuntergang, wenn die Flüsse den roten Abendhimmel widerspiegelten und die waldige Landschaft im goldenen Licht funkelte. Es war die Zeit, zu der die Vögel mit melodischen Stimmen sangen und die Hunde und ich zu unserem täglichen Spaziergang aufbrachen.

In den ersten Jahren in Mahlangeni ging ich nur in der Nähe des Hauses am Flussufer entlang, wo es leichter für mich war, die Fährten der Tiere im Sand zu erkennen, wo ich einen freien Blick auf den Weg vor mir hatte und wo die Landschaft mir vollkommen vertraut war. Wenn man eine bestimmte Gegend gut kennt, ist es leichter, einen dunklen Schatten auszumachen, der das letzte Mal noch nicht da gewesen war, oder ein Gespür dafür zu entwickeln, dass nicht alles so ist, wie es sein sollte.

Später, als die Hunde und ich mehr Zutrauen zu unserer eigenen Buscherfahrung bekamen, wagten wir uns auf Patrouillenpfaden und Wildwechseln tiefer ins Buschland hinein. Die Hunde waren gut ausgebildet und hielten sich dicht bei mir. Meistens liefen sie ein paar Schritte vor mir her, die Ohren gespitzt, die Nasen am Boden, immer auf der Hut, immer bereit, mich zu warnen, wenn es einen Grund gab umzukehren. Häufig gelang es uns, uns nahe an prachtvolle Tiere heranzupirschen – Elenantilopen, Kudus, Büffel und Wasserböcke – die unsere Anwesenheit nicht bemerkten, weil wir immer darauf achteten, uns gegen den Wind zu halten und uns lautlos zu bewegen. Bei anderen Gelegenheiten machten wir Bekanntschaft mit fremdartigen, seltsamen Kreaturen wie Leguanen, Wasser- und Landschildkröten und einmal der längsten Python der Welt. Die Schlange brauchte so lange dazu, unseren Weg zu überqueren, dass es uns schließlich richtig langweilig wurde zu warten, bis ihr Schwanz auf einer Seite des Weges aus dem Busch auftauchte und auf der anderen wieder verschwand.

Nur in der Nacht geschah es manchmal, dass die bedrohliche Weite der Wildnis mir auf einmal bewusst wurde. Aber die Hunde hatten ihre Schlafplätze auf der Terrasse vor den Schiebetüren meines Schlafzimmers, und ich brauchte nur leise ihre Namen zu rufen, um das wischende Geräusch ihrer wedelnden Schwänze zu hören, mit dem sie auf meinen Ruf reagierten.

Die Nächte in Mahlangeni waren natürlich niemals still. Nachttiere sind sehr geschäftig, und oft war die Nacht durch ein ganzes Orchester von unterschiedlichsten Tierstimmen belebt. Froschchöre und Grillenkonzerte bildeten den dröhnenden und zirpenden Hintergrund für die Rufe

Ein Nashorn überquert die Straße

der Eulen und Ziegenmelker, für die wimmernden Schreie der Buschbabys, das drohende Geheul der Hyänen, das raue Husten unseres Nachbarn, des Leoparden, das Brüllen eines Löwen. Oft wurden die Hunde durch ein fremdartiges Geräusch aus dem Schlaf geweckt, das ihnen zu nah erschien, um es zu ignorieren, oder durch einen wilden Geruch, den der Wind ihnen zutrug. Und wenn sie dann die Schatten und Windböen anbellten, fühlte ich mich beschützt und zufrieden in meinem Heim in der Wildnis.«

Parkbesucher von heute werden sich ähnlicher Bannkraft nicht erwehren können und Kobie Krügers Liebeserklärung teilen, ganz gleich, ob sie sich gerade in einem *Main Restcamp*, einem *Bushveld Camp* oder in einer Luxuslodge betten. Im Hinblick auf Komfort, Charakter und Service besitzen die Private Game Reserves an der Westgrenze des Krüger-Nationalparks, darunter Sabi Sands und Lions Sands, eine Sonderstellung. Auf jeden Gast, so scheint es, kommt mindestens ein Angestellter. Bei frühmorgendlichen Game Drives warten Wärmflaschen und Wolldecken auf den Jeepsitzen, am Abend unterlegt das prasselnde Lagerfeuer die Gaumenfreuden bei Krokoldilragout und Tiramisu, zwischendurch werden Nachmittagskaffee und Gebäck auf der Terrasse gereicht. Auf Pirschfahrten ab der Lion Sands Ivory Lodge erläutert Game Ranger Trevor die olympiataugliche Sprintkraft der Flußpferde (»36 km/h«), sucht *offroad* erfolgreich nach Büffeln und Leoparden und fährt so nah an Elefanten heran, daß das Knacken der von ihnen zerbrochenen Äste geradezu elektrisierend ins Ohr geht. Früher war Trevor Barkeeper und Versicherungsagent und litt auf Dauer an der Monotonie seiner Arbeit. Hier draußen in der Wildnis habe er sich seinen Traum erfüllt, den er schon als kleiner Junge hegte, erzählt er. Bei einer Buschtour zu Fuß zeigt er Skorpionlöcher, weißen Hyänendung und das Schädelskelett eines Elefanten. Den eigentlichen Krüger-Nationalpark setzt Trevor eher abschätzig mit »Massenaufkommen« gleich, an Private Game Reserves hingegen liebt er das exklusive Erleben für die Gäste – und das angemessene Trinkgeld für sich selber am Ende des Aufenthalts.

In *Weißer Schatten*, einem Thriller, bei dem sich der südafrikanische Autor Deon Meyer in Hochform zeigt, kann Bodyguard Martin Lemmer keinen Gefallen am Ambiente eines Private Game Reserve am Rand des Krüger-Nationalparks finden. Nicht nur, daß er »eine Flasche Mineralwasser zum Preis eines Kleinwagens« bestellen muß. Nein, es »stank nach Geld: Asphaltwege, indirekte Beleuchtung, gezwungene Jovialität der Mitarbeiter in ihren khakifarbenen und olivgrünen Uniformen. Afrika für reiche amerikanische Touristen, ökofreundlicher Fünf-Sterne- Luxus, eine Oase der Zivilisation im wilden, grausamen Busch.«

In der Hoffnung auf einen raschen Auftrag hat Lemmer sich in Kapstadt bereit erklärt, die reiche Weiße Emma le Roux zum Krüger-Nationalpark zu begleiten. Emma glaubt, ihren zwanzig Jahre zuvor verschollenen Bruder Jacobus in den Fernsehnachrichten gesehen zu haben. Als Bediensteter eines Auswilderungszentrums soll Cobie de Villiers, wie der Mann sich nun nennt, in der Nähe des Krüger-Nationalparks mehrere Wilderer getötet haben und dann verschwunden sein. Emma und Lemmer beginnen ihre Nachforschungen im Auswilderungszentrum, dessen Leiter bald auf mysteriöse Weise umkommt. Ein altes Foto, das Emma mit sich führt, hilft schwerlich weiter. Die Türen verschließen sich, sie werden verfolgt. Lemmer vermutet eine Verschwörung, doch wer steckt dahinter? Korrupte Polizisten, Ökoterroristen, der Geheimdienst? Nahe dem Ort Klaserie – westlich vom Krüger-Nationalpark – wird Emma von einem Scharfschützen um Haaresbreite getötet und liegt nun im Krankenhaus von Nelspruit im Koma. Lemmer gelobt, die Nachforschungen zu Ende zu bringen. Er mietet ein abgelegenes Farmhaus und spürt Jacobus alias Cobie bei Badplaas in seinem Versteck auf. Dort erfährt er Jacobus' Geschichte als Mitglied der Spezialeinheit »Environmental Services Unit«, kurz ESU, die Mitte der Achtziger Jahre im Krüger-Nationalpark operierte. Ziel war es, Wilderern, Elfenbeindieben und Schmugglern das Handwerk zu legen.

»Die Strategie der ESU bestand darin, Zweier-Teams eine Woche lang einen bestimmten Bereich zu Fuß patrouillieren zu lassen. Die Bereiche wurden durch Pläne und Gitternetze festgelegt. Der Weiße in jedem Team war der Anführer und trug das Funkgerät. Der Schwarze trug das Essen und war der Fährtenleser. Beide waren mit Gewehren bewaffnet und versteckten sich tagsüber in Dickichten und Felsspalten, sodass sie des Nachts ihre Beute jagen konnten, denn Elfenbeindiebe waren nachtaktiv.

Die Strategie war einfach: Finde die Wilddiebe und fordere über Funk Verstärkung an. Aber wenn es nicht anders geht, leg sie um, bevor sie sich in den Busch verdrükken. Schieß, um zu töten. Sie sollten wissen, dass Krieg war, denn Afrika konnte es sich nicht leisten, tausend Elefanten die Woche zu verlieren.«

Während heute ein ums andere Mal die Überpopulation der Elefanten Thema im Krüger-Nationalpark ist, folgen wir Jacobus, der zusammen mit Pego, einem Schwarzen aus Shatale, eine Patrouille bildet:

»Team Juliet Papa, das Rufzeichen von Jacobus und Pego,

wurde im November 1985 ausgeschickt, anfangs in die sicheren westlichen Teile des Kruger-Parks, damit sie sich übten. Erst im Februar 1986 wurden sie weiter nach Osten gesandt – und erfuhren die Gnadenlosigkeit der Elfenbeindiebe.

Zwanzig Jahre später war Jacobus immer noch voll Hass, als er es mir beschrieb. Sie fanden zum ersten Mal drei tote Elefanten. Die Kuh war erschossen worden, weil sie gefährlich nah gekommen war. Das Kalb war nur zum Spaß getötet worden. Der Kopf des Bullen war eine blutige, schreckliche Masse, denn die Wilderer hatten die Stoßzähne mit Äxten und *Pangas* herausgehackt. Überall lag Müll herum, der Feuerplatz war nicht abgedeckt worden. Die Respektlosigkeit war offensichtlich und beabsichtigt. Die Täter waren aber lange verschwunden, zurück über die Grenze nach Mosambik.

Drei Wochen später ereignete sich ihre erste Auseinandersetzung: Sie schossen nachts auf eine Bande Wilddiebe. Sie folgten der Blutspur zu einer der Grenzen. Kaum eine Woche später schoss Jacobus le Roux das erste Mal auf einen Menschen und tötete ihn.

Sie hatten das Feuer der Diebe des Nachts in einem ausgetrockneten Flussbett des Nkulumbedi River brennen sehen, nur ein paar Kilometer vom Langtoon Dam, einem kleinen Stausee, im Nordosten des Parks. Jacobus flüsterte ins Funkgerät und versuchte Verstärkung anzufordern, denn die Gruppe der Wilderer bestand aus zwölf oder vierzehn Männern, aber wie immer war das Signal zu schwach. Sie krochen näher heran und beobachteten das Schlachtfest im flackernden Licht der Flammen. Zwei riesige Elefantenbullen wurden zerlegt, während die Männer lachten und mit gedämpften Stimmen plauderten.

Jacobus zielte auf einen Mann in einem zerrissenen roten Hemd, der an der Seite stand und Befehle gab. Bei diesem ersten Mal zitterte er leicht, obwohl seine Empörung über das Massaker groß war. Sein Hirn aber zögerte, dem Abzugsfinger den Befehl zu geben. Erst als Pego ihn sanft mit dem Ellenbogen in die Seite stieß, schloss er die Augen und schoss. Er öffnete die Augen und sah den Mann fallen. Kein dramatisches Krümmen wie im Film – er sank bloß danieder.

Neben ihm feuerte Pego Schuss um Schuss auf die panisch fliehenden Männer, Jacobus hingegen lag bloß da und starrte das rote Hemd an, bis es sich nicht mehr rührte.«

Eines nachts machen Jacobus und Pego eine folgenschwere Entdeckung, die nichts mit Wilderei zu tun hat:

»Die Probleme begannen am 12., einem Sonntag. Sie wollten rechtzeitig zurück sein. Sie hatten den letzten Abschnitt ihrer Patrouille absolviert, entlang des einspurigen Weges parallel zur Grenze nach Mosambik in der südöstlichen Ecke des Reservats. Um ein Uhr nachmittags versuchten sie, tief im Schilf des Flusses Kangadjane zu schlafen, zwischen dem Lindanda-Wolhuter-Denkmal und dem Grenzposten Shishengedzim, vier Kilometer von der Grenze. Sie hörten ein kleines Flugzeug und erwachten. Sie krochen aus dem Schilf und schauten hoch. Das Flugzeug kreiste westlich von ihnen um einen Berg namens Ka-Nwamuri. Sehr eigenartig, denn seit über einem Jahr waren hier keine zivilen Flugzeuge mehr erlaubt. Diese Maschine flog tief, kaum fünfhundert Meter, und nur hundert Meter über dem *koppie*, der Anhöhe im Westen.

Das Flugzeug beschrieb eine weite Kurve und kam dann auf sie zu, und sie krochen zurück ins Schilf. Jacobus zog sein Fernglas hervor, um es sich genauer anzusehen. Auf den Flügeln gab es keine Buchstaben oder Zeichen. Es war bloß ein schlichtes weißes Flugzeug. Es sank, als es näher kam, und schwang dann plötzlich nach Norden. Jacobus sah zwei, drei Gesichter hinunterschauen, und eines erschien ihm bekannt, aber er dachte, er habe sich geirrt.

Er hatte gemeint, einen sehr bekannten Minister der Regierung erkannt zu haben. Das Flugzeug wendete wieder, und er konnte die Leute nicht mehr sehen, als es nach Nordwesten davonflog. Es verschwand in der Ferne, bis sie es nicht mehr länger erkennen konnten.

Pego und er blickten einander an und schüttelten den Kopf. Was wollten die hier? Warum war das Flugzeug über Ka-Nwamuri geflogen? Sie sollten sich dort heute Nacht mal umsehen, um morgen Bericht erstatten zu können.

Sie warteten bis zum Sonnenuntergang, räumten dann ihr Camp und bereiteten sich vor. Es waren knapp über fünf Kilometer zum *koppie*. Sie würden durch das Unterholz nicht schnell vorankommen, aber die Deckung war gut.

Zwei Stunden später sahen sie die Helligkeit zum ersten Mal, auf halber Höhe des Ka-Nwamuri, bewegte Lichter, die blinkten wie Glühwürmchen in der Nacht.

So führten Wilderer sich nicht auf. Was war los?«

Was los war, hatte höchste politische Brisanz, sei aber nicht weiter verraten – und für Lemmer ist der gefährliche Auftrag mit der Aufspürung Jacobus' nicht beendet. Autor Deon Meyer hält seine Leserschaft gekonnt in Atem.

In *Nacht des Verrats* von Ruth Weiss (*1924) dient die südwestliche Peripherie des Krüger-Nationalparks als Kulisse für einen Politroman, dessen Schauplätze sich im Verlauf der Handlung, die im wesentlichen aus einer Chronologie von Rückblenden besteht, auch an andere Orte verlagern. Angesetzt im Südafrika des Jahres 1997, kommt der junge Rechtsanwalt Ben Glaser, der für die Wahrheits- und Versöhnungskommission arbeitet, einem Verbrechen aus der Zeit der Apartheid auf die Spur. Alles beginnt mit einem Telefonanruf, der ihn mitten in der Nacht in Johannesburg aus dem Schlaf reißt:

»›Hör gut zu. Ich sag's nur einmal. Mach dich sofort auf den Weg. Fahr in Richtung White River, du weißt, das ist in der Nähe vom Kruger-Nationalpark. Genau vier Kilometer vorher siehst du ein Schild mit Zeichen nach rechts. Bieg dort ab. Folge den Wegweisern nach ›Paradise Ranch‹. Du bist dort eingebucht. Es wird keine Probleme geben.‹

›Nein‹, gähnte ich. ›Weil ich nicht hinfahren werde.‹

Die Stimme wurde etwas ungeduldig. ›Du wirst.‹«

Der Unbekannte stellt den Erhalt geheimer Unterlagen in Aussicht. Glaser bricht auf. Nach seiner Ankunft wird er in die Lizard Lodge umquartiert und erkundet die Umgebung, in der ihm ein Hinweis auf ein merkwürdiges »Landwirtschaftliches Forschungsinstitut« aufgefallen war:

»Jemand hatte Stufen in den Hügel hinter Lizard Lodge gebaut, und so kletterte ich etwas widerwillig auf den Gipfel. Als ich ankam, merkte ich, daß es sich gelohnt hatte. Nachdem ich wieder zu Atem gekommen war, sah ich den roten Erdweg, der zu einem gut gepflasterten Pfad und einem großen Eingang führte, hinter dem sich breite Felder bis zum Horizont ausdehnten. Links von den Feldern konnte ich eine Reihe weißer Gebäude sehen. Daneben nüchterne Betonhütten. Das Forschungsinstitut, nahm ich an. Dahinter nur Busch, durchzogen von mehreren schmalen Pfaden.

Ich war im Begriff hinunterzusteigen, als ich mehrere Gestalten vor dem großen Gebäude bemerkte. Ich blickte durch das Fernglas. War erstaunt. Das waren weder Farmer noch Wissenschafter. Wächter. Sie waren in Uniform, schritten stramm zum Tor des größten Gebäudes. Offensichtlich wechselten sie die Posten. Zwei Männer, von denen einer ein effizient aussehendes Maschinengewehr trug, während der andere einen Hund an der Leine hielt, gingen auf ein Wachhaus zu. Nach wenigen Minuten traten zwei andere Männer, ebenfalls scharf bewaffnet, aus dem Häuschen. Ich sah, wie sie ihre Runden machten, gelegentlich anhielten, um etwas zu beobachten.

Es überraschte mich nicht, daß es Posten gab, auch nicht, daß sie bewaffnet waren. Die Kriminalität hatte sich vor allem auf dem Land in den letzten Jahren erhöht. Viele Farmer waren ermordet worden, ob aus Rache wegen irgendwelcher Begebenheiten in der Vergangenheit oder einfach wegen Diebstahls, wußte niemand. Trotzdem war ich erstaunt, daß ein Forschungsinstitut sich dermaßen absicherte. Warum?«

Dann macht Glaser noch eine andere Entdeckung:

»Ich hörte etwas. Rutschte vorwärts und blickte durch das Fernglas. Bemerkte etwas unten am Abhang, das aussah wie ein Bündel Kleider. Hörte das Surren einer Maschine, sah einen Wagen, der mit hoher Geschwindigkeit den Weg zum Forschungsinstitut entlang fuhr, dann in einen Pfad einbog, der zum Rollfeld führte.

Ich glitt abwärts, mehr als ich kletterte, denn hier gab es keine Stufen. Als ich unten ankam, stolperte ich, stieß mit dem Schienbein gegen einen Felsen. Rieb mir die schmerzende Stelle, blickte mich nach den Kleidern um, die ich von oben gesehen hatte.

Ich glaube nicht, daß ich tief Luft geholt habe. So etwas schreibt man, ob man es wirklich tut, weiß ich nicht. Ich war zu geschockt, um das jetzt noch zu wissen. Oh ja, da lagen Kleider. Nur, der Eigentümer trug sie noch. Sah aus wie eine Puppe, die mit ausgestreckten Gliedern weggeworfen worden war. Der Kopf lag auf einem Stein.

Vielleicht hatte ich unrecht mit dem Eindruck, daß man die Gestalt dort hingeworfen hatte. Vielleicht war sie gestolpert, wie ich, war mit dem Kopf gegen den Stein gestoßen, war ohnmächtig geworden. Ich näherte mich. Bewegte das schulterlange Haar. Schaute in offene, blicklose Augen. Verstand genug, um zu wissen, auch wenn ich kein Arzt war, daß es hoffnungslos war, etwas zu tun. Konnte mehrere Sekunden lang nichts tun. Die Augen. Das Gesicht. Ich erkannte beides. Auch wenn es einige Zeit her war, seitdem ich sie zuletzt gesehen hatte.«

So spannend, wie diese Textpassagen klingen, bleibt es in *Nacht des Verrats* leider nicht. Allerdings verrät der Roman die profunden Landes- und Politkenntnisse seiner Autorin Ruth Weiss. 1924 in Fürth geboren, emigrierte sie während der Nazizeit nach Südafrika, wo sie später als Journalistin gegen das Unrechtssystem der Apartheid schrieb und zur *Persona non grata* erklärt wurde.

Je nach geographischem Ausstieg aus dem Krüger-Nationalpark läßt sich eine mögliche Weiterfahrt nach Tshwane/Pretoria und Johannesburg mit Stopps in Tzaneen, Makhado oder Limpopos Provinzhauptstadt Polokwane kombinieren. Um Tzaneen werden Zitrusfrüchte und Tee angebaut, Makhado ist Sprungbrett in die Soutpansberge, bei Polokwane liegt ein Cultural Village des Volkes der Nord-Sotho (Bakone Malapa Museum). Abseits der Hauptrouten liegt westlich von Musina im Dreiländereck Südafrika-Botswana-Simbabwe die archäologische Ausgrabungsstätte von Mapungubwe, des mutmaßlich ältesten Königreiches in der südafrikanischen Geschichte, das schon mit Indien und China Handel getrieben haben soll. Die in den Gräbern gefundenen Stücke sind nationales Kulturgut, darunter ein goldüberzogenes Nashorn *en miniature* sowie Elfenbein-, Knochen- und Keramikfiguren. Mapungubwe entwickelte sich im Laufe des 13. Jahrhunderts und gehört heute zum Weltkulturerbe der Unesco.

Die Aufnahmefähigkeit für weit entfernte oder zweitrangige Ziele könnte nach all den Eindrücken aus dem Krüger-Nationalpark allerdings gebremst sein. Die Eindrücke von der Weite des Busches, der Pflanzen- und Tierwelt werden sicher lange nachwirken. Vielleicht haben ein Leopard und eine Hyäne in der Reihe Ihrer persönlicher Entdeckungen gestanden und Sie wollten immer schon wissen, wie diese zu ihren Flecken kamen? Ein liebenswert einfach erzähltes Volksmärchen der Tsonga gibt Aufschluß und mag dieses Kapitel beenden:

»Als einmal der Busch brannte, versuchten alle Tiere, sich durch Flucht zu retten. Auch die Schildkröte lief, so schnell sie konnte, aber sie kam nur mühsam voran. Das große Gewicht ihres Panzers, die Schlingpflanzen, umgefallene Stämme und Löcher im Boden hinderten sie daran, dem herannahenden Feuer zu entkommen. In ihrer Angst rief sie einer Hyäne zu: ›Mein Freund, ich bin ein Unglückswesen, ich kann nicht so schnell laufen wie du. Kannst du mich nicht retten, indem du mich auf deinem Rücken fortträgst?‹ Doch die Hyäne hörte nicht auf die Bitte und lief weiter. Da kam ein Leopard heran und sagte zur Schildkröte: ›Beeile dich, das Feuer ist gleich da!‹ Und wieder bat die Schildkröte: ›Hilf mir, ich kann nicht so schnell laufen wie du. Trag mich auf deinem Rücken fort.‹ Der Leopard lud sich die Schildkröte auf und brachte sie auf einen sehr hohen Baum. In einer Astgabelung setzte er sie ab und kletterte wieder hinunter. Das Feuer kam, es versengte den Panzer der Schildkröte ein wenig, konnte ihr aber letztlich nichts antun. Nachdem das Feuer vorbeigezogen war, kehrte der Leopard zurück, um die Schildkröte wieder vom Baum zu holen. Als er sich verabschieden wollte, sagte die Schildkröte: ›Warte, ich möchte dich zum Dank bemalen.‹ Und sie nahm Farbe und bemalte das Fell des Leoparden mit sehr schönen Flecken. Darauf sprach sie: ›Geh und leg dich zum Schlafen an den Weg.‹ Der Leopard tat, wie ihm geheißen, und als die Menschen an dem schlafenden Leoparden vorbeikamen, sagten sie: ›Ho, ist das der Leopard?‹, und sie bewunderten sein schön geflecktes Fell. Als die Hyäne die Flecken des Leoparden bemerkte, fragte sie, wer ihn so schön bemalt hätte. Der Leopard antwortete: ›Die Schildkröte hat es getan!‹ Da lief die Hyäne zur Schildkröte und bat sie, ihr ebensolche Flecken aufzumalen. Die Schildkröte nahm Farbe und rächte sich an der Hyäne, indem sie ihr Fell sehr häßlich befleckte. Als die Menschen an der schlafenden Hyäne vorbeikamen, sagten sie: ›Ho, das ist die Hyäne! Seht nur, was für häßliche Flecken sie auf ihrem Fell hat!‹«

Hochhauskulisse im Zentrum von Johannesburg

VON JOHANNESBURG DURCH DEN WEITEN
NORDWESTEN UND WESTEN BIS KAPSTADT

Reich und bettelarm, Villenviertel, Ghettos unter beißenden Rauchkränzen, Hochhausfronten mit Spiegelglas, Finanz- und Wirtschaftszentrum des Landes, Universitätsstadt, Ballungsraum für Millionen auf 1750 Höhenmetern, Verkehrsdrehscheibe für Land- und Luftreisende. Für viele ist und bleibt **Johannesburg** alleine durch den internationalen Großflughafen unumgänglich, so richtig ans Herz legen mag man die Metropole der Gegensätze niemandem. Da helfen alle Beschönigungsversuche als *World Class African City* mit »aufregendem Nachtleben«, »fantastischen Jazzclubs«, »Top-Hotels« und »Einkaufsparadiesen« in modernen Shoppingkomplexen nichts. Die nachfolgend ausgewählten literarischen Skizzen könnten gegebenenfalls einen Besuch ersetzen ...

Historisches Flair? Fehlanzeige. Goldgräberstimmung ließ die Stadt erst im späten 19. Jahrhundert erwachen. In seinem Skizzenbuch *Johannesburg. Insel aus Zufall*, in dem es keinen Grund gibt, den Ich-Erzähler vom Autor zu trennen, hält der Südafrikaner Ivan Vladislavić (*1957) Rückschau: »Im Winter 1886 wurde im Witwatersrand Gold gefunden. Bis zu diesem Zeitpunkt war das Veld lediglich Weide für eine Handvoll Rinderzüchter, doch bald schon breiteten sich Planwagen, Zelte und Grashütten aus, weil die Goldsucher ins Land strömten. Innerhalb von drei oder vier Jahren schoss eine Stadt aus Ziegelhäusern, Bürogebäuden, Hotels und Verwaltungsbauten aus dem Boden, und eine Generation später beherbergte die Stadt eine halbe Million Menschen.

Commissioner Street, Johannesburgs Hauptschlagader, folgt dem alten Planwagengeleise, das einst zwei der ersten Bergwerkslager miteinander verband: Jeppestown im Osten und Ferreirasdorp im Westen. Auf diese Weise wurde das Rückgrat der Stadt mit dem goldträchtigen Reef verbunden, dem sie ihr Leben verdankte. Wenn ich heute die Commissioner hinunter in das pulsierende Herz der Stadt gehe, muss ich daran denken, dass wir noch immer Goldgräber sind, die ihren Anspruch auf die Erde unter unseren Füßen erheben. An der Stelle, an der die Commissioner das Feuerwehrdepot von Fairview passiert, zeigen sich Risse im Teer, lange, zackige Falten, die der Biegung folgen, die die Straße an dieser Stelle macht. Da und dort sind ein paar Teerstücke herausgebrochen, und aus dem Straßenbett glitzert verrosteter Stahl. Die Straßenbahnschienen, die in den sechziger Jahren überteert worden sind, kehren an die Oberfläche zurück.«

Vladislavić, geboren im seinerzeitigen Pretoria und seit Anfang der siebziger Jahre in Johannesburg zu Hause, erweist sich als einer der kritischsten und aufmerksamsten Betrachter des Molochs *Joburg*, wie ihn die Einheimischen nennen. Ungeschönt liefert er eine Bestandsaufnahme:

»Johannesburg ist eine Grenzstadt. Ein Ort, an dem Grenzen beständig in Frage gestellt werden. Territorien müssen verteidigt werden, sonst gehen sie verloren. Die Konkurrenz ist heutzutage sehr groß, und damit vervielfältigen sich auch die Anstrengungen zur Verteidigung. Mauern ersetzen Zäune, hohe Mauern treten an die Stellen von niedrigen, und selbst noch die höchsten Mauern krönen sich mit Elektrodraht und Stacheln. In den wohlhabenderen Vierteln folgt man der Strategie des Plattmachens und Neubauens. Die Menschen hier aber müssen das Beste aus dem machen, was sie bereits haben, und so entwickeln die meisten Mauern die Angewohnheit, den finanziellen Überschüssen entsprechend zu wachsen. Eine steinerne Wand wird mit vorgefertigten Stahlplatten erhöht, eine Fertigteilmauer wird mit stählernen Palisaden gespickt, den Palisaden wird eine Stacheldrahtkrone aufgesetzt. Holzpflöcke auf Ziegelmauern, kunstvolle schmiedeeiserne Paneele auf Putz, Stacheldraht auf aufgespitzten Pfählen. Diese Huckepack-mauern (meine eigene gehört auch dazu) sind fast immer hässlich. Manchmal aber erlangt das ganze Ensemble ein solches Maß an kunstvoller Ausfertigung, dass es fast so schön aussieht wie eine Seite aus dem Homemaker's Fair-Katalog.«

An anderen Buchstellen vertieft Vladislavić die latente Sicherheitsproblematik. »Überall in Joburg gibt es Wach-leute«, schreibt er über die »verbarrikadierte und vergit-terte Stadt« und hält den Normalzustand samt seiner Ab-normalitäten vor Augen:

»Jedes neue Gebäude in Johannesburg verfügt über si-chere, bewachte, fahrzeugfreundliche Ein- und Ausfahrten. Die Wohlbeschuhten – bei denen es sich in aller Regel auch um die Wohlbereiften handelt – sollen in die Lage versetzt werden, einen beliebigen Ort erreichen zu können, ohne ihren Fuß auf die Straße setzen zu müssen. Tiefgaragen klammern sich, verkrüppelten Zwillingsbrüdern gleich, an die Einkaufszentren. Komplexe, offensichtlich nicht zuein-andergehörender Gebäude, die so gestaltet sind, dass sie vortäuschen, es handelte sich um die Wohngebiete einer ganz normalen Stadt, sind mit riesigen Tiefgaragen unter-höhlt, die diese Illusion zerstören. Megakeller. Ältere Ge-bäude haben sich den neuen Anforderungen anzupassen. Die Johannesburg Art Gallery hat dem öffentlichen Raum,

Gegenpol zu den Hochhäusern, Kontrast zur Armut: das in Johannesburgs Stadtteil Parktown gelegene Sunnyside Park Hotel, ursprünglich,
1895, als viktorianisches Adelspalais erbaut

auf den sie ausgerichtet war, den Rücken zugekehrt. Anstatt durch den Joubert Park zu ihr zu gelangen, stellen die Besucher ihre Autos an der Bahnlinie ab und eilen durch die Hintertür hinein. An anderen Orten hat man Mauern durchbrochen oder die Tunnel und Laufgänge bestehender Tiefgaragen bis in die Lobbys und Empfangsräume verlängert. Gewöhnlich verbergen diese rechtwinkligen Anbauten ihre eigentlichen Motive hinter einer Farbschicht. Die behelfsmäßige Umleitung in der Public Library aber ist erfrischend kunstvoll: Während die schwarzen Schulkinder, die heutzutage die Mehrheit der Benutzer dieser Einrichtung ausmachen, Arm in Arm die breite Treppe vom Bibliotheksgarten her heraufkommen oder sich in der großen Empfangshalle treffen, um dort miteinander zu flüstern oder zu kichern, parken die wenigen weißen Vorstädter, die sich noch trauen hierherzukommen, unter der Erde und schleichen sich über die Hintertreppe herein.«

In seinem mosaikartig aufgebauten *Johannesburg*-Buch geht Vladislavić selbstironisch mit den persönlichen Sicherheitsmechanismen um. Beispiel: sein voluminöser Schlüsselbund.

»Das oberste Prinzip der Schlüsselverwaltung besteht darin, verschiedene Arbeitsgruppen durch miteinander verbundene Schlüsselringe voneinander zu trennen. Ausgang und Heimkehr durch die Vordertür: Haustürsicherheitsschloss, *Yale*, Sicherheitstür (außen), Wohnungstürsicherheitsschloss, Yale. Ausgang und Heimkehr durch die Hintertür: Vorhängeschloss Hintertür, Hintertürsicherheitsschloss, Yale, Sicherheitstür (innen). Ausgang und Heimkehr mit dem Auto: Garagentor, Autotür, Lenkradschloss, Wegfahrsperre, Zündschlüssel. Diverses: Fensterschloss, Kellertür, Briefkasten.

Ich habe sie auf verschiedene Ringe gefädelt, sodass die Bärte alle in dieselbe Richtung zeigen. Wie Soldaten beim Appell. Meine Fingerspitzen kennen jede Nase und jede Kerbe, ich finde sie im Dunkeln.

›Es sind übrigens nur siebzehn.‹ Ich habe sie im Kopf zusammengezählt.«

So Vladislavić' Fazit in einem Interview.

Die Sorge vor Eigentumsdelikten und die Bereitschaft zur Verteidigung der eigenen vier Wände – das ist nicht neu in Johannesburg. Der deutsche Geistliche Johannes Trauernicht (*1943), der zu Beginn der siebziger Jahre seine christliche Gemeindearbeit in Südafrika aufnahm und sich in Johannesburg um den Aufbau einer Stadtmission kümmerte, machte seine eigene Erfahrung:

»Abends war ich sehr viel unterwegs, um Einwanderer zu besuchen, mit ihnen über den Glauben an Jesus Christus zu sprechen und zum ›Offenen Abend‹ oder nur zu einem gemeinsamen Abendessen in unserer Wohnung einzuladen.

Einmal, als ich an einer Tür anklopfte, um einen Mann mit einem deutschklingenden Namen aufzusuchen, öffnete sich langsam die Tür. Zu sehen war ein Revolver, schussbereit in einer Hand. Ich konnte den Mann überzeugen, dass ich nur ein harmloser Missionar war. Wir kamen in ein gutes Gespräch. So ließ er mich schließlich eintreten und bar mich sogar, eine Tasse Kaffee mit ihm zu trinken, nicht ohne seinen Revolver ständig in Reichweite zu halten.«

Bei alledem seien die bedeutsameren Ziele in der »Stadt des Goldes« nicht verschwiegen, darunter die Johannesburg Art Gallery mit Werken von Künstlern wie Rodin und Picasso, die Walter Sisulu National Botanical Gardens und das nahe der Stadtautobahn im historischen Newton Market Building eingerichtete Museum Africa, ein großes Geschichts- und Kulturgeschichtsmuseum. Löblich offensiv geht man mit den düsteren Seiten der Vergangenheit um, ob im aufschlußreichen Apartheid Museum oder bei Touren durch den musealen Gefängniskomplex von Constitution Hill (Old Fort Prison Complex). Die Geschichte der dort Eingekerkerten reicht von rebellischen britischen Soldaten um die Wende des 20. Jahrhunderts über Minenarbeiter, die sich an Streiks beteiligt hatten, bis zu namhaften Apartheid-Gegnern wie Robert Sobukwe und Nelson Mandela. Südlich der Stadt liegt Gold Reef City, ein »Goldminendorf« mit dem Anstrich eines Erlebnisparks, dessen Besuch ebenso der Kategorie »Geschmackssache« zufällt wie eine World-of-Beer-Brauereitour mit anschließender Verkostung in den South African Breweries und ein Bummel durch den überkünstelten Entertainmentkomplex der Randburg Waterfront. Trotz einer Szenerie wie in Kapstadts Waterfront-Konkurrenten bietet Ivan Vladislavić in Demut und Bescheidenheit einen positiven Blickwinkel, denn:

»Die landschaftliche Umgebung von Johannesburg, dem Venedig des Südens, ist immer schon von Menschenhand geschaffen worden. Wir haben einen Wald angepflanzt, den die Vögel durchaus mögen. Als Berge haben wir die grasbedeckten Abraumhalden der Bergwerke. Wir warten nicht erst ab, bis Zeit und Elemente uns dienen, wir ändern die Szenerie selbst. So wie es uns passt. Natur, das ist etwas für andere Menschen an anderen Orten. Wir sind glücklich, wenn wir an der Randburg Waterfront mit ihren Kais und Masten aus Pappmaché Luft schnappen oder zusehen können, wie die Plastikenten am Montecasino auf den Wellen dümpeln. Wir freuen uns auch über ein Surf 'n Turf in Cleopatra's Barge mitten im Caesar's.

Als der Bruma Lake wieder voll war und sich der schlimmste Gestank verzogen hatte, gingen Minky und ich einmal zum Abendessen runter an den Kai ins Fishermen's Village. Hinterher machten wir einen Spaziergang über die Fußgängerausgabe der Golden Gate Bridge. Ihre Pfeiler und Kabel sind mit Lichterketten umwickelt, und wir betrachteten ihren Widerschein, der auf dem toten Wasser tanzte.«

Die mit Johannesburg verbundene Heimatliebe von Vladislavić und seinen Freunden vermag nichts und niemand zu zerstören:

»Das hier ist unser Klima. Wir sind in dieser Luft aufgewachsen, in diesem Licht, und wir nehmen es durch die Haut in uns auf. Es geht uns unter die Haut. Wir kennen diese Erde, dieses Gras, diesen blank geriebenen roten Stein. Wir haben ihn mit unseren Fußsohlen erspürt. Niemals werden wir irgendwo anders auch nur annähernd wir selbst sein können. Glücklicher? Vielleicht. Gesünder auch, weniger mit Sorgen beladen, sicher. Doch niemals näher an dem, was uns ausmacht, als hier.«

Eng mit dem Leben in und um Johannesburg verbunden ist auch Nadine Gordimer, die 1991 den Literaturnobelpreis erhielt. Zur Welt kam sie 1923 in Springs in der damaligen Provinz Transvaal als Tochter von Einwanderern. Ihre Mutter war als Kind aus England nach Afrika gekommen, ihr Vater aus Lettland. In ihrem Essay *Jene andere Welt, die die Welt war* erinnert sie sich an ihre Kindertage:

»Wir wohnten in einer kleinen Goldminenstadt, fünfundvierzig Kilometer von Johannesburg entfernt, irgendwo verloren im Buschland, zweitausend Meter über dem Meeresspiegel. Die Linien der Landschaft waren von Ab-

Das Kimberley Mine Museum macht den alten Diamantenschürferort
Kimberley anschaulich

raum bestimmt. Wir waren umgeben von gelben geometrischen Abraumhügeln von den Goldminen und schwarzen Halden von Kohleschlacke. Als Kind, aufgewachsen mit englischen Bilderbüchern voller saftiger Wiesen und grüner Wälder, hielt ich das für häßlich – aber jetzt finde ich die gewaltige Grassteppe schön, und in meiner Erinnerung ist der weite Horizont wie ein Symbol für die Möglichkeiten der Existenz, die so unbegrenzt waren wie der Blick über diese Ebene. Als Kind aber konnte ich das nicht wissen.«

Tief ins Unterbewußtsein ihrer Kindheit grub sich der Rassismus, der ihr bereits auf dem Schulweg täglich begegnete. Ein Auszug aus Gordimers Nobelpreisrede gibt Aufschluß:

»Ich ging an Läden vorbei, deren Besitzer osteuropäische Einwanderer waren, die den untersten Rang der anglo-kolonialen Gesellschaftsleiter einnahmen und die wiederum jene wüst beschimpften, die noch weit unter ihnen standen, die als kaum mehr menschlich galten – die schwarzen Bergleute, die die Kundschaft dieser Läden bildeten. Erst viele Jahre später sollte ich erkennen, daß ich, wäre ich ein Kind dieser Kategorie gewesen – schwarz –, wahrscheinlich nie Schriftstellerin geworden wäre, da die Bücherei, die mir dies ermöglichte, schwarzen Kindern nicht offenstand.«

Das junge Mädchen wuchs auf in einer Welt, die sie schwerlich zu begreifen vermochte. In *Jene andere Welt, die die Welt war* schreibt Gordimer weiter:

»Auf der anderen Seite gab es direkt vor dem Tor unseres Vorstadthauses mit seinen rotgetünchten Haustürstufen und seinen zwei Erkerfenstern, das große fortlaufende Auf und Ab des Lebens, Laute von Sprachen, die ich nicht verstand, die mir aber unendlich vertraut waren, weil ich sie von frühester Kindheit an im Ohr hatte. Aber dies alles, so wurde mir von Eltern und Lehrern immer wieder gesagt, hatte mit mir nichts zu tun.

Diese mich umgebende, mich ganz umschließende Erfahrung war nicht durch Land oder Meer von mir getrennt, sondern durch Gesetz, Sitte und Vorurteil.

Und durch Furcht. Meine Mutter schärfte mir ein, auf dem Schulweg nicht an den Baracken der Bergwerksgesellschaft vorbeizugehen, in denen die schwarzen Bergleute lebten. Sie erklärte mir nicht, warum, aber der Grund wurde mir durch versteckte Andeutungen der Erwachsenen klar: Jeder schwarze Mann wartete nur darauf, ein kleines weißes Schulmädchen zu vergewaltigen.

Viele Jahre später erzählte mir mein Freund und Schriftstellerkollege Es'kia Mphahlele, daß seine Mutter ihn anwies, auf seinem Fahrrad sofort in eine andere Straße abzubiegen, wenn er weiße Jungen auf sich zukommen sah. Er wußte nicht, warum, bis er auf dieselbe Weise, wie ich meine Furcht vor schwarzen Männern lernte, zu der Annahme kam, daß jeder Weiße nur auf die Gelegenheit wartete, ihn anzugreifen.«

Für Gordimer löste das Leben, das »geordnet, definiert und begrenzt war vom Besitz einer weißen Haut«, später ein Identitätsproblem aus:

»Die Weißen waren nicht mein Volk, weil alle Leitsätze, nach denen sie lebten – ihre behauptete rassische Überlegenheit und ihre Methoden, mit denen sie diese angebliche Wahrheit aufrechterhielten –, der Stoff war, aus dem ich meine Verweigerung gemacht hatte. Und sie erkannten die Verweigerung als Position nicht an. Verweigerung war Verrat.

Die Schwarzen waren nicht mein Volk, weil sie in meiner ganzen Kindheit und Jugendzeit kaum eine Rolle für mich gespielt hatten. *Ich war abwesend gewesen.* Nicht bei ihnen.

Ging das überhaupt, konnte man ›mein Land‹ sagen, ohne zugleich ›mein Volk‹ sagen zu dürfen?«

In den fünfziger Jahren, als sie nach Johannesburg zog, schreibt Gordimer weiter, bewegte sie sich in Gesellschaft ähnlich Gesinnter, unter denen allmählich eine Mißachtung der Apartheidgesetze aufkeimte.

»Wir waren keine hungernden Künstler, die in Mansarden wohnten und die bürgerlichen Konventionen einer etablierten Gesellschaft ablehnten. Wir waren junge Leute, die nach Kontakt hungerten, der durch unzählige Schranken des Gesetzes und der Konvention und der Furcht behindert worden war. Wir wußten nicht, wie wir zusammenkommen, wie wir unser Land zusammenfügen sollten – aber das war das nur halbverstandene Motiv unseres Handelns. Die mildesten Tabus brachen wir zuerst. Schwarze Musiker, Lehrer, Journalisten, künftige Schriftsteller trafen ihre weißen Kollegen, redeten, tranken und tanzten miteinander – die beiden letzteren Rituale als die übliche Vorbereitung für viele unterschiedliche Arten menschlichen Verkehrs. Wir trafen uns in alten Fabrikgebäuden, die sich zur Tarnung den Anschein privater Clubs gaben; in den Häusern von Weißen, wo Schwarze eigentlich nur als Diener Zugang hatten; und in den schwarzen Trinkhallen, die sich irgendwo in der Stadt verbargen.

Die Schwarzen kamen aus den Ghettos von Soweto und Alexandra und von den Straßen der alten Bergwerksviertel der Stadt, wo einst Menschen aller Hautfarben zusammengelebt hatten und die jetzt mit Bulldozern eingeebnet wurden, um ausschließlich weißen Wohnvierteln Platz zu machen. Die Weißen waren junge Männer und Frauen wie ich. Die kleinen Risiken, die wir auf uns nahmen, die Risiken, entdeckt und angezeigt zu werden, waren ein Abenteuer für uns: ein Vorspiel zu dem ersten Engagement für die Revolution.«

Soweto – von Nadine Gordimer gerade erwähnt – steht als Kurzform für die riesige schwarze Wohnstadt im Südwesten Johannesburgs: South Western Township. Der Name trägt bis heute einen bitteren Beigeschmack. Im Juni 1976 kam es in Soweto zu Schüler- und Studentenprotesten gegen die diktatorische Regierung, und der Aufstand wurde von den Sicherheitskräften blutig niedergeschlagen. Mehr als 2000 Menschen wurden teils schwer verletzt, hunderte Schwarze kamen ums Leben, darunter der junge Hector Pieterson, an den das Hector Pieterson Museum und das Hector Pieterson Memorial erinnern. Die Bilder des toten Jungen gingen um die Welt. Erschüttert von den Vorkommnissen, verfaßte die Dichterin Lindiwe Mabuza ihr *Soweto Requiem*:

»Trauernde Mutter,
heute
ist es dein Schmerz
der mitfühlende Herzen berührt
das Herz der Welt zerreißt
all deine kranzlosen Gräber überflutet . . .
        Keine Blumen, Mutter, für bewiesenen Mut!

O trauernde Mutter,
heute
weißt du warum Feigheit niemals weint

obwohl fette Läuse alles Denken
aus dem Mark der vergifteten Hirne
deiner Kinder aussaugen …
        Kein Beifall, Mutter, für Prinzipien!

Trauernde Mutter,
heute
ist Trauer die Last auf deinen Armen
erstickt deinen Gang
du strauchelst und fällst
über kugeldurchbohrte Herzen
gleich den unsicheren Schritten
im Marsch unserer toten Kinder …
        Kein Trost, Mutter,
        von eisenbeschlagenen Stiefeln!«

Das Ende des Requiems verheißt einen stärkeren Zusammenhalt unter Schwarzen und Farbigen:

»von den zerschmetterten Bitten
die aus dem klaffenden Kugelloch tropfen
an der Schläfe
von Hectors baumelndem Kopf …
        Kein Ausweg mehr, Mutter,
        wir alle sind jetzt in diesem Schützengraben!«

Geradezu prophetisch nimmt sich Mabuzas Gedicht *An alle, die es angeht* aus demselben Jahr 1976 aus:

»Wenn ihr der Welt eure Lügen aufgetischt habt
wenn ihr euch windet im Krampf des Anfangs eures
                                        Niedergangs

und die Kinder geboren im Schmerz treten ins Leben ein
      mit neuem und tapferem Atem
so denkt daran daß auch diese Geißel vorübergehen wird.«

Will man der Jugendrebellion von Soweto eine positive
Seite abgewinnen, dann diese, daß sich die Augen der Welt-
öffentlichkeit mehr und mehr auf das verbrecherische Regime in Südafrika richteten. Der Politikwissenschaftler Martin Pabst bringt die Folgen auf den Punkt: »Der Soweto-
Aufstand 1976 besiegelte das Ende der Apartheid, wenngleich sich ihre Abschaffung noch 15 Jahre hinziehen sollte.« Wie es heute in Soweto aussieht, veranschaulicht die
Kurzgeschichte *Soweto Hi-Fi* von Tshepo Mogale (*1977),
der in seiner Heimat Südafrika überdies als Rapper und
mit Comedyprogrammen bekannt geworden ist:

»Über der Township hängt ein dichter Rauchschleier.
Die Kohleöfen, die die Leute anheizen, um sich zu wär-
men. Gleichzeitig durchzieht ein Hauch Townshipfreitag-
abenderregung die Luft. Aus den Taxis dröhnt lauter Kwai-
to, Shangaan-Frauen in leuchtenden Gewändern kommen
vorbei, balancieren ihre Warenlasten auf dem Kopf. Am
Taxistandplatz gegenüber vom Bragwanath Hospital, dem
größten der südlichen Halbkugel, bietet eine Reihe selbst
ernannter Köche allen erdenklichen *spykos* an. Weiter hinein in die Township reihen sich kilometerlang Geschäfte,
Gemischtwarenhändler, Läden mit Autoersatzteilen aneinander und sogar *Nando's Chickenland*.«

In *Soweto Hi-Fi* sind zwei junge, eher unbedarfte Schwarze, die eine gestohlene Hi-Fi-Anlage kaufen wollen, unterwegs durch Soweto. Auf den Gaunertrick des vermeintlichen Hehlers Jabu sind sie dabei allerdings nicht gefaßt:

»›Also wohin?‹, fragt Moshe ihn. Jabu lässt sich auf die

Rückbank des Autos fallen und erklärt, er leitet uns. Die Fahrt dauert ungefähr zehn Minuten, und Jabu erzählt uns, wie schrecklich seine Zeit im Gefängnis gewesen ist und was für Leute er ausgeraubt hat. Wir halten vor einer ärmlichen Hütte, und Jabu sagt: ›Okay, ihr beiden wartet hier, und ich hol die Ware. Gebt mir das Geld, ich bin in einer Minute zurück.‹

Moshe gibt ihm das Geld und sagt: ›Ich komme mit.‹

›Nein, ihr wartet hier. Ich bin gleich zurück. Diese Typen sind Verbrecher, *bra*, die mögen es nicht, wenn ihnen Fremde das Haus einrennen‹, sagt er. Also geht er allein in die Hütte, und wir bleiben zurück und warten auf diesen Typen Jabu.

Wir warten fünf Minuten, zehn Minuten, zwanzig Minuten.

Dann sag ich zu Moshe: ›Sieh mal nach, was los ist, das ist doch lächerlich.‹

Als Moshe aus dem Auto steigt, bittet er mich: ›Komm lieber mit, da drin ist es irgendwie unheimlich.‹
Ich meine: ›O ja, geht klar, Mann!‹

Er sieht mich bloß an. Also steige ich aus dem Auto, und wir gehen auf die Hütte zu. Wir betreten den Hof. Auf einmal ist alles still, sehr still. Lediglich unsere Schritte und meinen Herzschlag kann ich noch hören. Im Schatten bemerken wir eine plötzliche Bewegung. Wir schreien laut auf.«

Bis auf eine Katze und eine alte Frau ist niemand da. Jabu hat sich mit dem Geld längst aus dem Hüttenstaub gemacht.

Der literarische Schauplatz Soweto taucht auch bei Henning Mankell (* 1948) auf, dem Schöpfer des schwedischen Kommissars Wallander. In *Die weiße Löwin* steht Wallander vor dem bislang kompliziertesten Fall seiner Karriere. Alles beginnt in Schweden mit dem Mord an einer Immobilienmaklerin und der Explosion eines Landhauses. Dort bekam der Auftragskiller Victor Mabasha, der jetzt in Soweto auf weitere Instruktionen wartet, eine Sonderschulung:

»Er blinzelte in die rote Sonne, die schnell über Soweto verschwand, und erinnerte sich an die Zeit vor acht Jahren, als er zuletzt hier gewesen war. Von einem ortsansässigen Ladenbesitzer hatte er fünfhundert Rand bekommen, um einen konkurrierenden Geschäftsinhaber zu erschießen. Wie immer war er so vorsichtig wie möglich vorgegangen und hatte alles sorgfältig geplant. Aber irgend etwas war von Anfang an schiefgelaufen. Eine Polizeistreife war ausgerechnet an der Stelle vorbeigekommen, und er hatte Hals über Kopf aus Soweto fliehen müssen. Seitdem war er nicht wieder hier gewesen.

Die Abenddämmerung war kurz in Afrika. Plötzlich war er von Dunkelheit umgeben. In der Ferne hörte er das Brausen des Verkehrs auf der Autobahn. Eine Polizeisirene heulte, und er dachte, daß Jan Kleyn einen ganz besonderen Auftrag haben mußte, wenn er ausgerechnet ihn ansprach. Es gab viele, die bereit waren, für tausend Rand jeden zu erschießen. Jan Kleyn jedoch hatte ihm fünftausend Rand Vorschuß gegeben, und das wohl nicht nur, weil er als der beste und kaltblütigste Berufskiller in ganz Südafrika galt.

Er konzentrierte sich, als sich das Geräusch eines Motors aus dem allgemeinen Rauschen des Verkehrs abzuheben begann. Kurz darauf näherte sich Scheinwerferlicht. Er zog sich tiefer in den Schatten zurück und nahm die Pistole in die Hand. Mit schnellen Griffen entsicherte sie.

Der Wagen hielt am Ende der Ausfahrt. Die Scheinwerfer beleuchteten Gestrüpp und aufgetürmte Autowracks. Victor Mabasha lauerte im Dunkeln. Er stand unter Hochspannung.

Ein Mann stieg aus dem Wagen. Victor erkannte sofort, daß es nicht Jan Kleyn war. Ihn selbst hätte er auch kaum erwartet. Jan Kleyn schickte für gewöhnlich andere, um die abzuholen, die er treffen wollte.

Victor schlich vorsichtig um das Autowrack herum, um sich dem Mann von hinten zu nähern. Das Auto stand genau so, wie er es vorausgesehen hatte, und er hatte sich den Schleichweg eingeprägt, um sich lautlos zurückziehen zu können.

Er blieb dicht hinter dem Mann stehen und preßte den Pistolenlauf an seine Schläfe. Der Mann zuckte zusammen.

›Wo ist Jan Kleyn?‹ fragte Victor Mabasha.

Der Mann drehte vorsichtig den Kopf. ›Ich soll dich zu ihm fahren‹, antwortete er.

Victor Mabasha merkte, daß der Mann Angst hatte. ›Wo ist er?‹ wiederholte er seine Frage.«

Die geheime Kommandosache, bei der es letztlich um die geplante Erschießung Nelson Mandelas geht, mag an dieser Stelle Spannung verheißen, doch die Verkettung der Handlungsstränge Schweden-Südafrika (überdies kommt St. Petersburg ins Spiel) ist allzu weit hergeholt. *Die weiße Löwin* kommt unglaubwürdig daher und hat beträchtliche Längen, an denen sich die eingeschworene Wallander-Fangemeinde allerdings nicht stören dürfte.

Wie viele Menschen heute in dem von den Autobahnen A 1 und A 12 tangierten Soweto wohnen, ist kaum zählbar. Schätzungen pendeln irgendwo zwischen drei und vier Millionen. Organisierte Township-Touren lassen tiefer eintauchen in die Herzstücke urbaner schwarzer Kultur, mittlerweile werden Übernachtungen in guten *Bed & Breakfasts* offeriert. Stolz zeigt man sich auf das Mandela Museum sowie die Vilakazi Street in Orlando West: die einzige Straße der Welt, in der mit Nelson Mandela und Desmond Tutu gleich zwei Friedensnobelpreisträger lebten. Der anglikanische Erzbischof Tutu, 1931 in Klerksdorp geboren und 1984 mit dem Nobelpreis geehrt, stieg zu einer der Symbolfiguren der Anti-Apartheid-Bewegung auf und stand später der Wahrheits- und Versöhnungskommission vor. Obgleich nicht immer unumstritten, spendeten seine bodenverhafteten Worte vielerorts Trost, Hoffnung und Zuversicht. Tutu rief ins Bewußtsein, daß alle Menschen Gottes Kinder sind, selbst Südafrikas größte Rassenhasser, die schlimmsten Schinder – und dies mit allen Konsequenzen:

»Als wir die Berichte über die wahrhaft ungeheure Folter und die Grausamkeit anhörten, wäre es ein Leichtes gewesen, die Täter als Ungeheuer zu schmähen. Denn was sie getan hatten, war wirklich ungeheuerlich. Aber wir werden stets daran erinnert, dass Gott seine Liebe niemandem entzieht. So diabolisch die Tat, sie macht den Täter nicht zum Dämon. Wenn wir jemandem sein Menschsein absprechen, dann nehmen wir ihm nicht nur die Möglichkeit, sich zu ändern und zu bereuen, wir nehmen ihm auch die moralische Verantwortung.«

Vergebung bedeutete für Tutu, »das Recht aufzugeben, es dem Täter mit gleicher Münze heimzuzahlen.« Gleichzeitig unterstrich er, wie wichtig es für die unterdrückten Bevölkerungsschichten war, »Selbstvertrauen und Selbstbewußtsein zu entwickeln und uns nicht immer und immer wieder für unser Schwarzsein zu entschuldigen.« Unerschütterlich war auch Desmond Tutus Glaube an den großen Wandel in seinem Land:

»Viele von uns hatten in unserem Leben Momente, in denen wir zweifelten, dass die Apartheid überwunden werden würde. Ich hatte aber niemals das Gefühl grundsätzlichen Zweifels. Ich wusste, dass das in einer bestimmten Weise unzweifelhaft war, denn sehen Sie, wenn man sich so etwas wie Karfreitag anschaut, und Gott tot am Kreuz, dann kann es doch wahrlich nichts Hoffnungsloseres geben. Und dann passiert Ostern, und whuuusch!, der Tod wird für tot erklärt, Jesus durchbricht die Fesseln von Tod und Verzweiflung, von Dunkelheit und Unheil. Wenn Gott das macht mit diesem abgrundtiefen Unheil, mit der Verzweiflung von Karfreitag und dem Galgen – was kann Gott danach noch aufhalten, schließlich Gutes aus diesem großen Unheil der Apartheid werden zu lassen? Ich zweifelte also nie daran, dass wir letztlich frei sein würden, weil ich wusste, dass es letztlich keinen Sieg der Lüge über die Wahrheit geben kann, der Finsternis über das Licht, des Todes über das Leben.«

Zum klassischen Touristenziel wird Soweto sicherlich nicht aufsteigen, ein Schicksal, das die Mega-Township mit der nördlich von Johannesburg gelegenen Landeshauptstadt **Tshwane** teilt. Wegen der Vielzahl ihrer Jacarandabäume trägt Tshwane, **das vormalige Pretoria**, im Volksmund den Beinamen »Jacaranda-Stadt«, doch die erweiterten urbanen Ansichten dürfen nicht durchweg als »blühend« eingestuft werden. Der tägliche Überlebenskampf spielt sich auch hier zwischen Wellblechbaracken und Straßenständen, zwischen Industriegeländen und Reifenwerkstätten ab. Dreh- und Angelpunkt in der Innenstadt ist der Church Square mit seiner Parade mittwochs vormittags und dem

Bronzemonument für Burenführer Paul Krüger. Das Melrose House gilt als Vorzeigebau viktorianischer Architektur und das Pretoria Art Museum als Fenster zeitgenössischer und ethnischer Kunst, der State-Theatre-Komplex bietet Musical- und Theaterproduktionen eine Bühne. Etwas außerhalb liegen die Union Buildings (Regierungssitz), der Botanische Garten, der Zoo, der Freedom Park und das pompöse Voortrekker Monument.

1893 trifft Mahatma Gandhi mit dem Zug in Pretoria ein, um dort seine Arbeit als eine Art Rechtsberater beim Prozeß einer indischen Handelsfirma gegen einen säumigen Schuldner aufzunehmen. Nach den Demütigungen, die er nach seiner Schiffsankunft in Durban, in Pietermaritzburg und unterwegs hatte erdulden müssen, rechnet er auch in Pretoria mit rassistischen Anfeindungen. In seiner Autobiographie sehen wir Gandhi zunächst einsam am Bahnhof stehen:

»Die Lampen brannten nur trüb. Reisende gab es nur wenige. Ich beschloß, erst einmal abzuwarten, bis alle die andern Reisenden sich verlaufen hatten und der Beamte, der die Fahrkarten abnahm, einigermaßen frei war. Alsdann wollte ich ihm meine Karte einhändigen und ihn dabei fragen, ob er mir irgendein kleines Hotel oder sonst eine Unterkunft empfehlen könne; andernfalls wollte ich die Nacht über auf dem Bahnhof bleiben. Ich muß gestehen, mir war bange davor, ihn auch nur danach zu fragen, denn ich hatte Angst, mich wieder einer Beschimpfung auszusetzen.

Die letzten Reisenden verließen den Bahnhof; ich gab dem Mann an der Sperre meine Karte und begann mit meinen Erkundigungen. Er antwortete mir sehr zuvorkommend; ich sah aber bald, daß er mir nicht helfen konnte.

Aber ein amerikanischer Neger, der neben uns stand, mischte sich ins Gespräch.

›Ich sehe‹, sagte er, ›daß Sie hier ganz fremd sind, ohne alle Bekannte. Wenn Sie mit mir kommen wollen, will ich Sie zu einem kleinen Hotel bringen. Der Besitzer ist ein Amerikaner, den ich sehr gut kenne. Ich denke, der wird Sie aufnehmen.‹

Ich hatte zwar meine Bedenken bei diesem Angebot, aber ich dankte ihm und nahm sein Anerbieten an. Er führte mich zu ›Johnstons Familien-Hotel‹. Er nahm den Direktor beiseite, um den Fall mit ihm zu besprechen, und der war einverstanden, mich für die Nacht aufzunehmen, unter der Bedingung, daß mir das Essen auf dem Zimmer serviert würde.

›Ich versichere Ihnen‹, sagte er, ›daß ich persönlich keinerlei Vorurteile gegen Farbige hege; aber ich habe nur europäische Kundschaft, und wenn ich Ihnen gestatte, im Speisesaal zu essen, könnten meine Gäste sich verletzt fühlen und vielleicht sogar mein Haus verlassen.‹

›Ich danke Ihnen‹, sagte ich, ›daß Sie mich überhaupt für eine Nacht aufnehmen wollen. Ich bin jetzt schon einigermaßen mit den Verhältnissen hier vertraut, und ich verstehe Ihre schwierige Lage. Es macht mir gar nichts, wenn Sie mir das Essen auf meinem Zimmer servieren lassen, und ich hoffe sowieso, daß ich mich morgen anders einrichten kann.‹

Man führte mich auf mein Zimmer, wo ich nun saß und auf mein Essen wartete, vor mich hindösend in meiner Einsamkeit. Es waren nur wenige Gäste im Hotel, und ich hatte erwartet, daß der Kellner recht bald mit dem Essen kommen würde. Statt dessen erschien Mr. Johnston in eigener Person. ›Ich habe mich geschämt‹, sagte er, ›daß ich

Sie bitten mußte, Ihr Essen hier oben einzunehmen. Ich habe daher mit den andern Gästen über Sie gesprochen und sie gefragt, ob sie etwas dagegen hätten, wenn Sie im Speisesaal äßen. Sie sagten, daß sie gar nichts dagegen hätten und daß Sie so lange hier bleiben könnten, wie Sie Lust hätten. Kommen Sie also bitte ins Eßzimmer hinunter und bleiben Sie bei uns, solange Sie wollen.‹

Ich dankte ihm nochmals, begab mich in den Speisesaal und aß mit herzhaftem Appetit mein Abendessen.«

Über seine Arbeit als Jurist hinaus, bei der es dank Gandhis Verhandlungsgeschick gelingt, einen für beide Prozeßgegner akzeptablen Vergleich auszuhandeln, beginnt er mit seinem Engagement als Sprachrohr seiner indischen Landsleute. Bei einer Versammlung hält er die erste öffentliche Rede seines Lebens und betont dabei besonders

»die Notwendigkeit, alle Rassen- und Glaubensunterschiede auszuschalten. Zum Schluß schlug ich die Gründung einer Gesellschaft vor, die die Aufgabe haben sollte, die unterdrückte Lage der indischen Einwanderer bei den zuständigen Behörden zur Sprache zu bringen. Ich erbot mich, dafür alle Zeit und Kräfte zur Verfügung zu stellen, die ich nur aufbringen könnte.

Mit dem Ergebnis der Versammlung war ich zufrieden.«

Ebenso zufrieden zeigte er sich mit seinen Anfängen in Südafrika:

»Das Jahr in Pretoria war höchst wertvoll für mein ganzes Leben. Hier fand ich Gelegenheit, mich mit öffentlicher Tätigkeit vertraut zu machen und mir über das Maß meiner Befähigung dazu klarzuwerden. Hier wuchs religiöser Sinn in mir zu einer treibenden Kraft; hier verschaffte ich mir auch eine gründliche Kenntnis der Gerichtspraxis. Hier lernte ich alles, was ein junger Anwalt von seinen älteren Kollegen bei Gericht lernen kann; hier bekam ich auch das Vertrauen zu mir selbst, daß ich als Anwalt nicht versagen würde.«

Die Schikanen der Behörden, wie zum Beispiel eine Verordnung, »nach der Inder nicht auf dem Fußsteig stehen und nicht nach neun Uhr abends ohne Erlaubnisschein das Haus verlassen durften«, bestärkten Gandhi darin, mit friedlichen Mitteln gegen die Diskriminierung vorzugehen. Auflehnung statt Aufgabe, so lautete sein Credo:

»Ich kam mehr und mehr zu der Überzeugung, daß Südafrika kein Land für einen Inder war, der Achtung vor sich selber hatte, und mein ganzes Denken richtete sich immer dringlicher auf die Frage, wie man diesem Zustand abhelfen könnte.«

Während seiner Zeit in Südafrika, die mit kleinen Unterbrechungen bis 1914 dauern sollte, entwickelte sich Gandhi von einem schüchternen Rechtsanwalt zu einem politischen Aktivisten und mutigen Widerstandskämpfer, so sein Biograph Matthias Eberling. In zuweilen mühsamer Kleinarbeit lehnt er sich gegen Unterdrückung und Ghettoisierung auf, vertritt als Anwalt vermeintlich Rechtlose, führt einen Boykott gegen ein diskriminierendes Meldegesetz an, wird mehrfach inhaftiert und erkämpft das ein oder andere politische Zugeständnis. Gandhi bleibt nicht in Pretoria – wir aber, und dabei folgen wir erneut den Erinnerungen des 1957 geborenen Ivan Vladislavić, der sich an seine Kindheit »in einer am Rande von Pretoria im Veld aus dem Boden gestampften Vorstadt« erinnert:

»Die Häuser waren neu und nach amerikanischem Vorbild erbaut. Zumindest glaubten wir das, wie sie so dastanden mit ihren großen Glasfenstern und den Garagen, die sich an eine Seite des Hauses schmiegten. Und die Stra-

Zebra, Pilanesberg Game Reserve

ßen waren lang und gerade und frisch geteert und rochen nach Kuhmist. Morgens trieben die Hütejungen die Rinder die Von Willich Avenue hinunter zum Weiden im Veld am Rande der Vorstadt, und abends brachten sie sie wieder in die weiß gekalkten Ställe der Kleinbauern zurück, wo die Eukalyptusbäume lange, glatte Rindenlocken abwarfen, auf denen man die Lebensgeschichte eines Ausgesetzten hätte niederschreiben können. Hochspannungsmasten marschierten nach Ost und West über das Veld hin, und am fernen Horizont hockte drohend das Voortrekker-Monument.«

Das Monument erinnert an die Buren und ihre Geschichte, ihren »Großen Treck«, ihr Vordringen in den Norden. »Mich schreckt der mächtige Granitklotz ab, der von den Eroberungen der Siedler und Leiden der Zulus in der Schlacht am Blood River 1838 erzählt«, schreibt die Deutsche Claudia Tabbert (*1968), die Mitte der neunziger Jahre in Pretoria lebte und bei der Versorgung tuberkulosekranker Kinder mithalf. Ihre Erinnerungen *Aber mein Herz bleibt in Afrika. Meine Zeit bei den Kindern von Pretoria* drehen sich nicht zuletzt um den persönlichen Alltag, in dem sie bei Erkundungen in der Stadt rasch »an Mauern und Zäunen« scheiterte und lernen mußte, daß »man in Pretoria nicht spazieren ging, schon gar nicht allein, und erst recht nicht als Frau.« In *Nacht des Verrats*, dem Politroman von Ruth Weiss, fällt dem kriminellen Potential ein gänzlich anderer Hintergrund zu. Im Zentrum Pretorias kommt es zu einem minutiös geplanten Übergriff:

»Die Männer besaßen genaue Anweisungen. Waren gut ausgebildet. Ihr Ziel war der fünfzehnte Stock eines zwanziggeschossigen Gebäudes in der Stadtmitte in einer der breiten Straßen der hübschen Hauptstadt. Eine Polizeistation befand sich im Parterre, in der drei Männer Dienst hatten, es war lediglich ein Büro für Öffentlichkeitsarbeit für durchreisende Journalisten, die auf der Suche nach Geschichten über Polizeibrutalität waren.

Ihr Kommandant hatte es ihnen erklärt. Die Station befand sich in einer Geschäftsstraße mit eleganten Läden, Juwelieren, Buchläden und schönen Cafes, wo die jungen Büroangestellten ihren Cappuccino und Brötchen und ähnliches kauften. Es war gegen die Partei-Prinzipien, weiche Ziele anzugreifen, hatte der Kommandant wiederholt erklärt. Es durften also keine Handgranaten geworfen werden.

Ihre Anweisungen waren klar. Sie mußten in den fünfzehnten Stock gelangen, wo zwei Rechtsanwälte residierten. Nur, es waren keine richtigen Rechtsanwaltskanzleien, sondern Tarnbüros des Geheimdienstes.

So kam es, daß am zweiten Tag des neuen Jahres 1984, während die meisten Menschen noch feierten und sich nur wenige Kunden im Einkaufszentrum befanden, zwei gut gekleidete Afrikaner aufgeregt über die Straße in das Zentrum und in die Polizeistation stürmten. Man konnte sehen, daß es sich um Angehörige der Mittelklasse handelte. Einer umklammerte eine Aktentasche. Der junge Polizist hinter der Theke sah einen gut geschnittenen Spitzbart und rümpfte die Nase, als er wohlriechendes Eau de Toilette bemerkte. Er zog die Brauen zusammen. Mann, wo kam man denn hin, wenn Kaffern sich wie Weiße benahmen. Heutzutage waren sie bereits Ärzte, Rechtsanwälte und weiß der Teufel was noch. Die Apartheid hatte denen mehr geholfen als Weißen wie ihm! Großartige Jacke, breite Ärmel, cool, wirklich cool, wie es in den australischen Filmen hieß.

›Ja?‹ Er lehnte sich an die Theke, mußte sich festhalten, er haßte es, zu Kaffern höflich sein zu müssen.

Der bärtige Mann sprach Afrikaans, seine Worte überstürzten sich. ›Baas, wir brauchen Hilfe! Unser Auto – wir wurden angehalten, auf der Straße in der Nähe des Voortrekker-Denkmals! Die hatten AKs – wir hatten keine Wahl – wir mußten sie mitnehmen – wir konnten den Wagen in der Church Street anhalten und rannten wie wahnsinnig! Ihr müßt sofort die Armee alarmieren! Die können inzwischen sonstwo sein!‹

Der Polizist war verwirrt. ›Mensch, wovon redest du denn?‹

Der Mann rang nach Luft: ›Terroristen! Sie haben uns gezwungen, sie mitzunehmen, sie folgen uns, sie werden gleich hier sein – sie werden schießen – das sind selbstmörderische Idioten, Baas!‹ Er schrie fast, drehte den Kopf zum Eingang. ›Ich sag Ihnen, das ist 'ne ganze Banditengruppe!‹ Er gestikulierte wild, während sein Kollege vor der Aufzugtür stand, er hatte Glück, der Aufzug stand im Erdgeschoß, er konnte die Tür öffnen, hineinschlüpfen, keiner kümmerte sich um ihn, da der Aufruhr im Büro zunahm.

Der junge Polizist drückte auf den Knopf, doch seine Kollegen hatten bereits den Lärm gehört und rannten eilig in den Raum. Das war genau, was der bärtige Mann sich erhofft hatte, alle drei eng beieinander vor sich zu haben, ein ausgezeichnetes Ziel für die leichte automatische Pistole mit dem Schalldämpfer.«

Einer anderen Art Brutalität, nämlich häuslicher Gewalt, ausgesetzt zu sein, befürchtet Claudia Tabbert bei dem kleinen Tillis, den sie als Krankenhauspatienten kennengelernt hat. Sie schließt ihn in ihr Herz und setzt alle Hebel in Bewegung, um Tillis in eine Pflegefamilie zu vermitteln, fernab der Verwahrlosung und prekären Lebensverhältnisse, ohne Mutter, dafür mit einem alkoholkranken Vater. Auf der Suche nach Tillis erhält sie ungewollt genauere Einblicke in das Leben in einer Township. Die vermeintlichen Klischees entsprechen tatsächlich der Wirklichkeit:

»Ich umfahre eine Mülltonne, aus der Abfall quillt, der Müll stinkt in der Mittagshitze und Hunde wühlen im Dreck. Ich blinke, biege ab, fahre einen ausgetretenen Sandweg entlang, der aussieht wie alle anderen Wege. So wie eine Hütte der andern ähnelt, ein Elendsquartier sich ans nächste reiht. Die einzigen Unterschiede sind die wahllos zusammengesuchten Baumaterialien, hier weißes Wellblech, dort verrostetes, ehemals graues Metall, hier ein paar Holzbretter, deren Anstrich man kaum noch erkennt, dort ein paar verrottete Balken. Die Zäune sind verbeult und durchlöchert.«

Schließlich findet sie Tillis, der sie zum Haus der Familie lotst:

»Die Tür zum Haus steht offen. Ich zögere, einzutreten, doch Tillis zieht mich mit. Drinnen ist es düster. Ein Geruch von Fäulnis krempelt mir beinahe den Magen um. Neben der Tür steht ein Tisch, daneben ein Sessel. Ein Schrank, dessen Türen ein Strick zusammenhält. Vor den Fenstern schmutzige Gardinen. In der Küche stehen drei Blechkanister, ich frage mich, was darin ist. Auf dem Herd ein Topf, auf dem Tisch ein alter Radiorekorder, ein Aschenbecher, eine Zange, ein dreckiges Messer. Im Bad ragen Leitungen aus der Wand, Armaturen fehlen, Badewanne und Waschbecken sind schmutzig. Als ich die Toilette hinter der Tür sehe, wende ich mich ab.

Tillis sagt: ›Komm, Claudia‹, und ich folge ihm in einen Raum, dessen Fenster mit Latten vernagelt ist. Im Halb dunkel erkenne ich einen Schrank, auch seine Türen hält ein Strick zusammen. Auf dem Schrank liegt eine Plastiktüte, darin sehe ich den Pullover, die Hosen, die blauen Turnschuhe, die Tillis an dem Wochenende in Pretoria trug. Neben dem Schrank lehnt ein Spaten an der Wand, daneben steht ein Stuhl mit drei Beinen. Unter dem Fenster zwei Tonnen, über die jemand ein Brett gelegt hat. Ein schmutziges Laken hängt herunter. ›Mein Bett‹, erklärt Tillis. Er grinst, doch es ist nicht das charmante Lachen, das ich von ihm kenne. Er ist verlegen. Die Wand neben dem Bett ist von Schimmel überzogen, bis zur Decke wuchern dunkelgrüne, braune, graue Flecken. Ich halte die Hand vor die Nase. Kein Wunder, dass jemand in so einer Umgebung an Tuberkulose erkrankt!

Im Flur höre ich Stimmen. ›Meine Schwester‹, ruft Tillis und im nächsten Moment betritt ein Mädchen das Zimmer. Sie sieht Tillis sehr ähnlich, hat die gleichen mandelförmigen Augen, die gleiche bronzefarbene Haut. Sie betrachtet mich neugierig, scheint aber nicht im Geringsten erstaunt über meinen Besuch. Sie trägt einen Skipullover. Ihr Haar ist kurz geschnitten, ihre Zähne strahlen weiß, sie ist hübsch. Ich schätze sie auf zwölf, höchstens dreizehn Jahre. Hinter ihr taucht ein Junge auf. Er ist etwas älter, trägt eine Baseballkappe, einen blauen Blouson mit weißem Kragen und eine Sonnenbrille. Er wirkt cool, reicht mir aber die Hand und sagt: ›Freut mich, Sie kennen zu lernen.‹ Er kaut Kaugummi und deutet auf Tillis' Schwester. ›Ich bin ihr Zuhälter.‹«

Zu Tabberts nachhaltigsten Erlebnissen in Pretoria gehört die Teilnahme an einem Gottesdienst inmitten Hunderter Menschen und mit einem ausgelassenen Prediger:

»Als der Gesang endet, klingt sein Echo in meinem Körper nach. Ich denke an unsere Kirche in Peitz, an leere Gotteshäuser in Deutschland, an all die Diskussionen über das Sterben des Glaubens. Und dann tauche ich ein in die pralle Lebendigkeit um mich herum. Die Einsamkeit fällt von mir ab wie eine Hülle, ich fühle mich erleichtert und den Menschen um mich herum verbunden. Ich sehe mich um und schaue in fröhliche Gesichter, glänzende Augen. Zum ersten Mal sehe ich Schwarze und Weiße friedlich und vereint nebeneinander sitzen. Ich spüre ein Lächeln auf meinen Lippen und blicke zu Sonya. Sie nickt einer Frau in einem grünen Kleid zu, die zwei Reihen vor uns sitzt. Ihr Blick wandert durch die Reihen und immer wieder grüßt sie einzelne Gottesdienstbesucher. An mir bleibt ihr Blick hängen. Sie mustert mich. Sie lächelt; doch ihr Lächeln wirkt aufgesetzt, nicht herzlich. ›Es ist doch in Ordnung, dass ich hier bin, oder?‹

›Selbstverständlich‹, flüstert Sonya. ›Mach dir keine Sorgen.‹

Vorn ruft der Prediger ›Jesus!‹ und streckt seine Arme zum Himmel. Ich versuche, über seine ausladenden Gesten hinwegzusehen, konzentriere mich auf das, was er sagt. Er spricht von Liebe, von Mitmenschlichkeit und Barmherzigkeit. Er spricht vom Leben, vom Tod, von Gottes Segen. Ich denke an Tillis, die Kinder in den Townships, die Mädchen, die auf dem Weg zur Schule vergewaltigt werden. Ob sie auch Gottes Segen haben? Ringsherum machen sich Menschen Notizen, schreiben Worte des Predigers mit, manche springen auf, klatschen.

Wieder erhebt sich die Gemeinde und singt. Als der Chor diesmal zum Refrain ansetzt, schließe ich die Augen. Der Gesang ist ergreifend, Freude und Schmerz liegen so dicht beieinander. ›All to Jesus‹, ruft der Prediger.

Impalas, Pilanesberg Game Reserve

›I will ever love and trust him‹, antwortet die Gemeinde und ein enthusiastischer Applaus brandet durch die Halle. Ich öffne die Augen.

›All to Jesus‹, ruft der Prediger noch einmal.

›Amen‹, antwortet die Gemeinde.

Wieder läuft der Mann mit ausholenden Gesten über die Bühne, schreitet sie geradezu ab und seine Arme fuchteln durch die Luft. Er wirkt wie ein amerikanischer Fernsehprediger, grotesk. Ich merke, wie seine Gebärden den Inhalt seiner Worte überdecken, bis ich sie fast nicht mehr höre, nur noch diesen beschwörenden Gestus wahrnehme.

Nach dem Gottesdienst drängen alle zum Ausgang. Die Menge zieht mich mit. Noch immer leuchten die Gesichter um mich herum, die Stimmung ist ausgelassen wie bei einem Fest, die Luft vibriert.«

Apropos Kirche: Im Auftrag der Evangelischen Stadtmission setzte ein anderer Deutscher, Johannes Trauernicht, nach Stationen in Johannesburg und Kapstadt um 1980 seine christliche Gemeindearbeit im damaligen Pretoria fort. Dabei machten er und seine Frau Hanni erstaunliche Erfahrungen zwischen Verschlossen- und Offenheit, zwischen Weiß und Schwarz, die Trauernicht in seinem Buch *Leben unter dem Kreuz des Südens* beschreibt:

»In Pretoria trafen wir sehr viele Deutsche, die schon seit vier oder mehr Generationen in Südafrika lebten. Viele von ihnen waren sehr konservativ in ihren Lebensanschauungen und ihrer kirchlichen Prägung. Ihre Vorfahren waren zum Teil Missionare oder Kolonisten gewesen, die mit den Missionaren ins Land gekommen waren. Viele hatten es schwer zu erkennen, dass Gott nur Kinder und keine Enkelkinder hat.«

Und andererseits:

»Wie bereichernd war es, mit gleichgesinnten Schwarzen zusammen zu sein! Ihr Glaube ist so herrlich unkompliziert und praxisbezogen.

Hanni las mit unserer schwarzen Hausangestellten immer wieder am Morgen die Bibel und betete mit ihr zusammen. Dabei kam viel Not ans Licht, die die Schwarzen in ihren Wohngebieten erleiden oder mit ansehen müssen. Die Kriminalität ist dort noch viel schlimmer als in unserem Wohngebiet.

Ich habe einmal einen Schwarzen kennen gelernt, der mich ganz besonders beeindruckt hat. Als er geboren wurde, wollte seine Mutter ihn nicht haben. Sie warf ihn in die Toilettengrube. Der Kleine blieb an der Seite der Jauchegrube irgendwo hängen und wimmerte, er hörte nicht mehr auf zu wimmern. Siebzehn Stunden lang weinte dieses Baby dort unten, bis die Großmutter es nicht mehr aushielt und es herausfischte. Sie nannte den Jungen ›Weggegoi‹, das heißt ›weggeworfen‹. So war jetzt sein Name. Als ein Weggeworfener, Ungewollter und Ungeliebter wurde er nur geduldet und kaum geliebt. Schon früh wurde er so zum Verbrecher und ein gefürchteter Bandenführer in Soweto.

Eines Tages führte die Dorotheamission eine Zeltevangelisation in Soweto durch. Mit seiner Bande nahm er an einem Abend teil. Auf sein Zeichen hin sollte das Zelt geplündert und zusammengerissen werden.

Die Bande wartete auf das Zeichen zum Angriff, aber es kam nicht so weit. ›Weggegoi‹ hörte zum ersten Mal in seinem Leben, dass Gott ihn liebte. Er fühlte sich ganz persönlich angesprochen von allem, was der Evangelist sagte, und wurde dabei zutiefst ergriffen. An jenem Abend blieb er zurück und bekehrte sich. Er trat als Bandenführer zurück, brach alle Verbindungen zur Bande ab. Als die Bande in der nächsten Nacht einen großen Raubüberfall machen wollte, griff die Polizei zu. Es gab Tote. Einige kamen für Jahre ins Gefängnis. Er war nicht mehr dabei.

Ich lernte diesen Mann als Leiter und Pastor einer sehr großen schwarzen Gemeinde in Pretoria kennen und wusste mich von Anfang an mit ihm im Herzen verbunden. Der Mann war ›erfüllt von Jesus‹. Gott tut Wunder! Solche Wunder machen Mut und geben Hoffnung.«

Ein Mirakel – aber eines der unangenehmeren Art – findet sich in **Sun City**, nachdem wir ab Tshwane nordwestwärts durch Steppen- und Buschland bis an die Grenze des Pilanesberg Game Reserve gefahren sind. Sun City steht für eine surreale, künstliche, hermetisch abgeriegelte Vergnügungswelt mit Wasserpark und Golf und Luxushotels wie dem »Palace of the Lost City« samt seinem Kitsch und Märchenprunk. »Africa's Kingdom of Pleasure«, wie es sich selber nennt, darf als geballter Hohn auf die Armut im Land verstanden werden. Um so überraschender, da urwüchsig, zeigt sich das nördlich anstoßende **Pilanesberg Game Reserve** mit seinen üppigen Tierbeständen: die *Big Five*, dazu Flußpferde, Giraffen, Zebras, Gnus, Hyänen, Impalas, Elenantilopen und Vogelarten wie Rotschnabeltokos, Glanzstare, Habichts- und Schwarzbrustschlangenadler. Für Individualentdecker sind die Pilanesberg-Pisten gut befahrbar, an Unterkünften stehen im Game Reserve vier Lodges zur Verfügung. Mit seinen sanft geschwungenen Hügeln, dem Grasland des Bushvelds und dem zentralen Mankwe-See macht sich der Park auf einer Fläche von 55 000 Hektar im Gebiet eines heute kaum mehr erkennbaren Vulkankraters breit. In den siebziger Jahren auf vormaligem Farmland als Schutzgebiet eingerichtet, geriet die Ansiedlung von nahe-

Köcherbaum, Goekap Nature Reserve bei Springbok

zu 6000 Tieren zu einer Herausforderung, die erst später von Einfuhraktionen im nordwestlich gelegenen Madikwe Game Reserve übertroffen werden sollte. Dort waren es 10 000 Tiere.

Weiten, schier unermeßliche Weiten. Ein gedehntes, monotones Nichts bis zum Horizont. Ein Land, das – mit den Worten des Südafrikaners Zakes Mda in seinem Roman *Die Madonna von Excelsior* – »Kilometer um endlosen Kilometer flach auf dem Rücken liegt.« Eine Szenerie, in der man weniger in Kilometern als vielmehr in Fahrstunden rechnet. Die Stunden vergehen, Tage vielleicht: durch Hitzeflimmern und Steppenpfannen, vorbei an Kakteen, Termitenhügeln, Farmland, kahlen Bergen, Kegeln, Höckern. Eindrücke wie diese begleiten Überlandfahrten durch den Nordwesten und Westen, ganz gleich, ob man sich für Routen nahe der Grenzen zu Botswana und Namibia entscheidet oder tiefer über historische, von den Afrikaanern geprägte Städte wie Potchefstroom, Klerksdorp und Kroonstad sowie durch Südafrikas geographisches Herzstück um Bloemfontein. Immer wieder überrascht, in welcher Abgeschiedenheit man auf Menschen trifft. Männer, die auf Schubkarren Brennholz transportieren oder auf Eselfuhrwerken hocken. Frauen, die Lasten auf dem Kopf und Babys auf dem Rücken tragen. Leute, die inmitten der Einsamkeit auf den nächsten Minibus warten. Familien, die in übelsten Wellblechverschlägen leben müssen. Dazwischen schnüffeln Schweine umher, die Toilettenhäuschen der Menschen stehen separat. Bevor wir den Weg durch die Weiten fortsetzen, wollen wir uns noch einmal Nadine Gordimer zuwenden. Einer ihrer berühmtesten Romane, *Der Besitzer*, spielt in Gordimers Heimatregion Transvaal. Im Mittelpunkt des Geschehens um Rassentrennung und Ausbeutung steht Mehring, ein Manager in der südafrikanischen Industrie, der nebenher eine Farm in der Provinz betreibt. Dort sucht er die Stille, das Unveränderliche, den Einklang mit der Natur. Eine weltferne Insel im Buschland:

»Dieser Ort absorbiert alles, nimmt alles in sich auf und läßt alles in sich verschwinden. Er ist unschuldig. Der Puls, der Rhythmus ist jetzt ein Kommen und Gehen fliegender Vögel kurz nach Sonnenuntergang. Das ozeanische Wogen von Schichten aus Ästen und Halmen hat aufgehört; die Schwerkraft versenkt alles, was der Erde angehört, in die Erde, an eine Kugel geschmolzenen Erzes gekettet, die ins Dunkel hinübergerollt ist. Die gesamte Schwere seines Lebens wird von dem Baum in seinem Rücken getragen. Schwalben flattern wie dunkle, fliegende kleine Tropfen. Von der fernen Wölbung des Himmels kommen Finken heran. Sie hüpfen beim Fliegen auf und ab, hin und her, und durchbrechen dabei die Umrisse ihrer Formation. Tauben schnellen wie Wurfgeschosse auf ihre Ziele zu. Wie Funkenregen explodieren Vögel in seinem Himmel, und – er verändert den Blickwinkel – vor seinen Augen hebt und senkt sich, auf den Luftwellen schwebend, würdevoll ein Mückenschwarm. Er spürt (soll sie ihn doch ruhig in ihrer Kristallkugel ansehen und sich darüber amüsieren, wenn sie Lust hat) beinahe eine Art von Verbundenheit in der Atmosphäre.«

Eines Tages spült der Fluß die Leiche eines Schwarzen auf Mehrings Land, ein Ereignis, das zwar keine kriminalistische Relevanz beim Fortgang der Handlung hat, doch vor Augen hält, daß sich Südafrikas Wirklichkeit nicht mit Weidezäunen abgrenzen läßt. Mehring, die Farm, das Umfeld seines Besitzes mit dem schwarzen Verwalter Jacobus und den Nachbarn – all dies dient, unpathetisch und poetisch zugleich, als Projektionsfläche für Gordimers stille Anklagen. Anklagen gegen die Gier, Arroganz und Selbstgefälligkeit weißer Oberschichtler. Anklagen gegen selbstgerechte, unmotivierte, schlecht ausgebildete Polizisten. Anklagen gegen menschenunwürdige Lebensverhältnisse, die Mehring bei der Anfahrt zu seiner Farm eher beiläufig registriert:

»Wenn der Augustwind kommt, wirbeln Tausende von Papierschnitzeln durch die Luft und bleiben am Zaun der Siedlung hängen. Die zusammengewürfelten Kleidungsstücke der Kinder und alten Leute, die den Abfallhaufen durchwühlen, werden an ihre Körper gepreßt oder von ihnen weggeblasen. Manchmal ist der Wind so stark, daß er Bretter und sich überschlagende Kisten vor sich hertreibt, die über die Straße schlittern und gegen den Zaun geschleudert oder von Autorädern plattgedrückt werden wie überfahrene Hunde und Katzen. Zeitungen, Asche, Knochen und zerbrochene Flaschen kommen von der Siedlung; Kisten, Bretter und Stroh stammen von den Fabriken und Lagerhäusern jenseits des Buschlands, in denen viele der Siedlungsbewohner arbeiten. Die Leute, die am Straßenrand auf ihre Busse warten, haben ihre Münder zum Schutz gegen den roten Staub mit Wollschals bedeckt, so wie die Frauen, die bei ihren Ständen sitzen und Apfelsinen und gelben, auf Kohleöfchen gerösteten Mais verkaufen. Die Müllwühler sind geduldig – ob faul oder schwach, ist im Vorbeifahren schwer zu beurteilen – und ihre nackten Beine und Füße und die Hände, mit denen sie den Abfall durchsuchen, sind mit Asche grau überzogen. Zwei der älteren Farmkinder gehen in der Siedlung zur Schule. Sie könnten die Abkürzung übers Buschland und durch die von Gangstern für den Transport gestohlener Waren geschnittene

Das »Große Loch«, Big Hole, von Kimberley

Zaunlücke nehmen, aber sie dehnen den langen Heimweg aus und schauen den Leuten zu, die im Abfall suchen. Sie wissen nicht, was sie zu finden hoffen; sie stellen fest, daß die Erfahrenen das nehmen, was ihnen in die Hände fällt. Sie haben mit Asche bedeckte Zeigefinger, nicht größer als ihre eigenen, in Sardinenbüchsen tauchen sehen, unter deren zurückgerollten Deckeln noch ein Rest Öl glänzte. War das Öl aufgeleckt, wurde der Schlüssel aus der Büchse gedreht. Es gibt ungleiche Schuhe, Hüllen aus Schweiß und Dreck und abgetragenem Leder für Hühneraugen und mißgebildete Zehen, einen zerlöcherten Hut. Am schwersten zu finden sind alte Reifen, weil man Sandalen daraus machen kann.«

Zurück zum Pilanesberg Game Reserve. Als folgenden Streckenvorschlag wählen wir zunächst die Straße Richtung Rustenburg und dann weiter westwärts über Swartruggens und Zeerust nach Mafikeng. Die Steppenlandschaft ist von kargen Hügeln durchsetzt, Felsblöcke reflektieren rotbraun, eine Autowerkstatt kündigt sich kunstvoll mit einem Aufbau aus verschiedenen Auspuffen an. Im Vergleich zum dünn besiedelten Umland vermeint man sich in Zeerust fast in eine Großstadt versetzt. Flach wie ein Brett läuft die Straße auf Mafikeng zu, davor führt ein Abzweig ins kleine, aber feine Mafikeng Game Reserve. Selbstfahrer brauchen höchstens zwei Stündchen für die Erkundung des Parks. Nashörner leben hier, Wasserböcke, Warzenschweine, Kaffernbüffel, Impalas, Giraffen, Strauße, Zebras, Gnus. Das Ende des 19. Jahrhunderts begründete Städtchen Mafikeng gibt sich geschäftig, besonders aufregend ist es nicht. Das flache Grasland erstreckt sich bis Vryburg, in den Dörfern entlang der Strecke steht die Tristesse. Man sieht Rinderzuchtbetriebe, Maisfelder, stattliche Gehöfte. Mancher Minibus ist so voll besetzt, daß man aus seinen Passagieren glatt zwei Fußballteams bilden könnte. Schnurgerade verliert sich die Straße in der Ferne, kurz vor Warrenton kreuzt sie den breiten Vaal.

Kimberley, die Hauptstadt der Provinz Northern Cape und altangestammtes Zentrum der Diamantengewinnung, empfängt den Reisenden mit ihrem freundlichen Flair. Da verzeiht man ihr leicht die wenig ansehnlichen Gewerbegebiete und deplacierten Hochhäuser. Im Juli 1871 begann an der Kimberley Mine nach ersten legendären Funden das Diamantenfieber. Spatenstich für Spatenstich und Jahrzehnt um Jahrzehnt begann man das auszuheben, was Besucher noch heute anzieht: das kraterartige »Große Loch«, Big Hole, das als Schürfgrund längst ausgedient hat und eher von einem Bombenangriff als von Menschenhand herzurühren scheint. 22,5 Millionen Tonnen Fels und Erde wurden bis 1914 hinausbefördert. Finderlohn aller Mühen: rund 14,5 Millionen Karat, umgerechnet 2722 Kilo Diamanten. Im angrenzenden Freilichtmuseum der Kimberley Mine veranschaulichen drei mit Schaumaterial gefüllte Karren die in all den Jahren geförderte Diamantenmenge. Im Vergleich zu den Dimensionen des an seinem Grund mit Wasser bedeckten Lochs – 215 Meter tief, 460 Meter im Durchmesser – mag sich das Volumen bescheiden ausnehmen, doch die Qualität der Diamanten brachte riesige Reichtümer. Das authentisch gestaltete Museumsdorf der Kimberley Mine ist von der Innenstadt aus mit der Tram erreichbar und macht Glanz und Aufstieg des Diamantenzentrums verständlich, das es auf eine Rekordzahl von insgesamt 128 Kneipen brachte. Ein Lageplan hilft beim Gang durch die Geschichte in die Deutsche Evangelisch-Lutherische Kirche, die Häuser der lizensierten Diamantenhändler, in den Ballsaal und in die Zahnarztpraxis mit ihrem furchteinflößenden Behandlungsstuhl. Die typische Diamond-Digger-Bude war spartanisch eingerichtet: Pritsche, Decke, Lampe, Kochtopf, Becher. Das älteste Haus datiert von 1877 und wurde in England vorgefertigt. Wer mag, kann in Unterständen selber Diamanten sieben, keine echten, versteht sich.

Kimberleys Innenstadt konzentriert sich auf den Bereich um den Market Square mit dem 1899 erbauten Rathaus. Juweliere und Modegeschäfte können sich durchaus sehen lassen und wollen nicht zu den Elendsbehausungen außerhalb der Stadt passen.

Machen wir von Kimberley aus einen Abstecher in die Nachbarprovinz Free State: 160 Kilometer südostwärts in die Provinzhauptstadt **Bloemfontein** (auch: Mangaung), die sich im Zentrum eine Reihe historischer Gebäude bewahrt hat. Dazu zählen der First Raadsaal von 1849, die anglikanische Kathedrale, das turmbesetzte Rathaus, der Sitz des Nationalen Appellationsgerichts sowie der Fourth Raadsaal, in dem einst das Burenparlament des eigenständigen Oranje-Freistaats tagte. Nahe dem Rathaus symbolisiert das moderne »Cleansing, Healing and Reparation Memorial« am Nelson Mandela Drive jedwede Freiheitskämpfe, die im Free State ausgetragen wurden. Mahatma Gandhi saß hier wegen seiner 1913 gestarteten Aktionen gegen ein diskriminierendes Ehegesetz im Gefängnis, möglichst weit entfernt von den Konfliktherden:

»Ich wurde infolgedessen in das Gefängnis in Bloemfontein verschickt. In Bloemfontein selbst gab es nicht mehr als fünfzig Inder, die alle als Kellner in Hotels tätig waren. Ich war der einzige indische Gefangene, die übrigen waren Europäer und Neger. Über diese Absonderung war ich nicht betrübt, sondern begrüßte sie als einen Segen. Nun brauchte ich meine Augen und Ohren nicht länger offenzuhalten und war froh, daß eine neue Erfahrung meiner wartete. Ich hatte jahrelang, besonders seit 1893, nie Zeit zur Beschaulichkeit gehabt, und die Aussicht auf ein Jahr ungestörter Besinnung erfüllte mich mit Freude. Im Bloemfonteiner Gefängnis hatte ich so viel Einsamkeit, wie ich nur wünschen konnte. Mancherlei Unannehmlichkeiten gab es zwar, aber sie waren alle zu ertragen. Der Anstaltsarzt wurde mein Freund. Der Gefängnisdirektor war ganz und gar erfüllt von seiner eigenen Machtvollkommenheit, aber der Arzt war bestrebt, für die Rechte der Gefangenen einzutreten. Zu jener Zeit war ich ausschließlich Obstesser. Ich ernährte mich von Bananen, Tomaten, Erdnüssen, Zitronen und Olivenöl. Es hätte den Hungertod für mich bedeutet, wenn ich diese Dinge hier nicht bekommen hätte. Aber der Arzt sorgte treulich für mich und ergänzte meine Nahrung durch Mandeln, Walnüsse und Paranüsse. Er prüfte genau alles für mich persönlich Bestimmte. Die Zelle, die mir zugewiesen war, hatte nicht genügend Lüftung. Der Arzt tat sein möglichstes, um zu erreichen, daß die Zellentüren offen gehalten wurden, aber vergeblich.«

Die Wiesen- und Parkflächen in Bloemfontein/Mangaung verraten einen guten Geschmack, und warum man von der »Stadt der Rosen« spricht, wird spätestens im King's Park deutlich. Etwas außerhalb liegt der Naval Hill mit einem kleinen Wildpark, dem Franklin Game Reserve. Natur- und kulturgeschichtlich aufgezogen ist das National Museum. Bekanntheit hat Bloemfontein übrigens als Geburtsstadt von John Ronald Reuel Tolkien (1892-1973; *Der Herr der Ringe*) erlangt, der allerdings nur seine ersten vier Lebensjahre in Südafrika verbrachte. In einem Interview kurz vor seinem Tod beschränkten sich seine verblaßten Kindheitserinnerungen auf die Hitze und einen welkenden Eukalyptus als Weihnachtsbaum.

In Kimberley auf unsere Hauptroute zurückgekehrt, steht die Weiterfahrt durch den Nordwesten an: dünn besiedeltes Buschland, Graspfannen, Hügel, einsame Gestalten im Nirgendwo zwischen Postmasburg und Olifantshoek. Es sind Abschnitte durch Südafrikas Einsamkeit, die in Upington kurzzeitig unterbrochen wird. Die Stadteinfahrt ist breit, das Zentrum recht modern und geschäftig, doch selbst das *Kentucky Fried Chicken* wird scharf bewacht. Upington liegt an den Ufern des Orange River, der die ausgiebige Landwirtschaft am Leben hält. Es gibt große Weinkellereien, Rosinenbetriebe, einen Golfclub und einen Flugplatz mit einer rekordverdächtig langen Start- und Landebahn von 4900 Metern. Upingtons Ursprung liegt in einer Missionsstation, die – 1875 gegründet – nunmehr das Stadtmuseum beherbergt. Das ultimative Wildniserlebnis verheißt der Kgalagadi Transfrontier Park, der 250 Kilometer weiter nördlich in der legendären Kalahari beginnt und sich grenzübergreifend bis tief hinein nach Botswana erstreckt. Einstiegspunkt ist das Twee Rivieren Gate mit seinem *Rest Camp*. Wer Einsamkeit sucht, Hitzeglut, Dürre, Trockenheit, rote Sanddünen – im Kgalagadi Transfrontier Park wird er sie finden. Symbol der Kalahari ist der Spießbock mit seinen schmalen, säbelartigen Hörnern, typisch für die Vegetation die Kameldornakazie. In der Tierwelt kommen außerdem Wüstenluchse, Leoparden, dunkelmähnige Löwen und diverse Reptilienarten vor.

An der Straße Upington-Kakamas kontrastieren ein wenig befremdlich üppige Weingärten und Orangenplantagen mit der staubtrockenen Szenerie. Doch die mit Bewässerungssystemen unterlegte Fruchtbarkeit im Flußtal des Orange endet wie mit einem Messerschnitt, in der Ferne pendeln die Tönungen des Bodens zwischen Rostrot und Braun. Vogelnestgehänge zieren Strom- und Telefonleitungen, an einsamen Tankstellen wird meist erst der Generator angeworfen, wenn Kunden vorfahren. Hinter Kakamas führt eine Straße zum Augrabies Falls Nationalpark, der seinen Reiz durch die donnernden Augrabies-Wasserfälle bezieht, allerdings nur, wenn der Orange genügend Wasser führt. Doch auch außerhalb der Regenzeit ist der Park mit seinen Canyonwänden, den Steinballen und Köcherbäumen ein lohnendes Ziel. Im Vergleich zu anderen Schutzgebieten spielt die Tierwelt hier eine untergeordnete Rolle.

Isolierte Hügel, Schafweiden, Köcherbäume und buschbestandene Weiten flankieren die Straße von Kakamas nach Pofadder und weiter nach Springbok. Das Städtchen im Landstrich **Namaqualand** liegt in einem kleinen Talkessel, gibt sich freundlich und bietet alles Lebensnotwendige. Ein Stück östlich steigen die Bergrücken im Goekap Nature Reserve auf über 1300 Höhenmeter an, der Jahresniederschlag in der halbwüstenartigen Gegend ist minimal, die Tierbestände beschränken sich auf vertraute Arten wie Zebras, Springböcke und Klippspringer. In Südafrikas Frühling jedoch verändert sich das Bild schlagartig: Dann erwacht das einzigartige Blütenmeer von Namaqualand. Hochebenen und Berghänge, die ansonsten kahl und spröde daliegen, leuchten plötzlich in den schillerndsten Überzügen. Purpur, gelb, dunkelrot, blau, orange, violett. Eine Explosion der Farben, der Pinselstriche. Nach einigen Wochen ist alles vorbei – bis zum nächsten Jahr. In Namaqualand kommen insgesamt 3500 Pflanzenarten vor, ein Drittel davon ist endemisch. Wer Wildblumenteppiche liebt, wird einen Abstecher in den Namaqua National Park kaum auslassen. Weit im äußersten Norden reicht die Wüstenwildnis des Richtersveld Transfrontier Park nach Namibia hinein.

Wechselhaft wie die Winde präsentieren sich die Landschaften auf der Weiterfahrt nach Kapstadt, 560 Kilometer von Springbok entfernt. Gebirgige Schicht- und Schachtelwerke wechseln sich ab mit Schafzuchtweiden und lichtgrünen Wiesenteppichen. Die Berge gewinnen an Kraft und verlieren sie wieder. Wir passieren Garies, die N7 wellt sich durch unbesiedeltes Hügelland auf die Western Cape Region zu, Bitterfontein gibt sich als einsamer, trister Flekken. Attraktiver wird es um Clanwilliam und Citrusdal, fruchtbare Gegenden, in denen Orangen, Äpfel und Rooibos-Tee angebaut werden. Die nahe **Cederberg Wilderness Area** lockt Wanderer und Kulturentdecker in die Cederberge, die den tausende Jahre alten Felsmalereien der San (»Buschmänner«) nachspüren. Das elitäre Bushmans Kloof Wilderness Reserve vereint eine Reihe prägnanter Beispiele der *Rock Art*. Cees Nooteboom, der über den Pakhuis-Paß Richtung Wuppertal gefahren ist, zieht ab dem Farmhaus Traveller's Rest über Stock und Stein auf dem *Sevilla Trail* los, so der Titel seines Reise-Essays. Dann endlich sieht er sie, die ersehnten Zeichnungen mit Tieren, Jägern, schmalen Gestalten, mitunter kaum erkennbar. Für Nooteboom strahlt die Felsbildkunst einen stillen Zauber aus:

»Es ist, als habe jemand sein Testament gezeichnet, ein Manifest, das über all die Jahrhunderte hinweg von diesen Felswänden seine Botschaft verkündet: Du kennst uns nicht, doch dies war unsere Welt, hier haben wir gelebt und gejagt, wir haben uns selbst gezeichnet, dieses wilde

Piste durch das Goekap Nature Reserve bei Springbok

Land, das du nur flüchtig streifst, war unser Kosmos, so hat es ausgesehen.«

Die Magie, die Nooteboom empfindet, setzt sich im Schatz der *Mythen und Märchen der Buschmann-Völker* fort, die wir den Niederschriften von Wilhelm Heinrich Immanuel Bleek und seiner Schwägerin Lucy Catherine Lloyd verdanken. Zwischen 1870 und 1884 hielten sie viele traditionelle Überlieferungen und Sittenbeschreibungen fest, darunter den Glauben, daß der Wind die Gestalt eines Vogels trägt:

»Der Wind, d. h. des Windes Sohn, war früher ein Mensch. Er wurde ein Vogel und flog, weil er nicht länger ging, wie er es gewohnt war; so flog er dahin und wohnte im Gebirge (in einer Bergeshöhle). So flog er. Früher war er ein Mensch. Er spielte früher Ball; er schoß, weil er fühlte, daß er ein Mensch war. Er wurde ein Vogel; der flog und lebte in einer Bergeshöhle. Und er flog heraus, flog umher und kehrte in sie zurück. Und er kam dort zu schlafen; und wacht früh auf und fliegt aus; fliegt fort, fliegt wieder fort. Und er kehrt wiederum zurück, indem er fühlt, daß er Nahrung gesucht hat. Und ißt, sucht hier, dort, hier, dort, kehrt wiederum zurück. Und wieder kommt er, zu schlafen.«

Die Poesie dieser Überlieferungen spiegelt sich in einer anderen Geschichte über die Natur wider:

»Wir dürfen nicht den Mond anschauen, wenn wir Wild geschossen haben; wir blicken mit gesenktem Kopf zum Himmel, wir schauen nicht nach oben, weil wir bange sind vor dem Schein des Mondes. Ihn fürchten wir. Denn unsere Mütter pflegten uns darüber zu erzählen, daß der Mond kein gutes Wesen ist, wenn wir ihn anschauen.

Denn wenn wir ihn ansehen und haben Wild geschossen, werden die Raubtiere das Wild, das im Sterben liegt, fressen, wenn wir zum Monde aufsehen. Wenn das Wild nicht stirbt, ist es die Wirkung des Mondenwassers, das es leben läßt. Denn unsere Mütter pflegten uns zu sagen, daß das Mondenwasser da drüben, und das, das wir auf dem Busche sehen, flüssigem Honig gleicht. Es fällt auf das Wild; das Wild steht auf, wenn es darauf gefallen ist. Es kühlt das Gift, womit wir das Wild schossen; es steht auf, geht weiter, indem es keine Spuren von Gift zeigt, sogar wenn es den Anschein hatte, als würde es sterben. Das Mondenwasser ist's, das heilt. Und deswegen lebt es.

So wünschten unsere Mütter nicht, daß wir umherschauten, wir sollen nicht nach Dingen sehen, die am Himmel sind; unsere Mütter pflegten uns darüber zu erzählen: Wenn wir den Mond anschauten, würde das angeschossene Wild auch so dahin wandern wie der Mond. Unsere Mütter erzählten uns darüber, sahen wir denn nicht, wie der Mond wandere? Er wäre nicht gewohnt, zu einem Ort in der Nähe zu wandern, der Tag würde anbrechen, während er noch immer dahinwanderte. Das Wild würde dasselbe tun, wenn wir zum Mond aufgeschaut hätten. Der Tag würde anbrechen, während das Wild noch immer dahin wanderte; es gliche dem Monde, den wir angeschaut hätten. Darum fürchten wir uns, zum Monde aufzublicken, weil wir fühlten, daß unsere Mütter uns erzählten, daß das Wild uns hinwegführen wollte, an einen Ort, wo es kein Wasser gab. Wir könnten dort (vor Durst sterben), indem es uns in die Irre führte, uns hinwegführte an einen Ort, wo es kein Wasser gab.«

Das letzte Stück bis Kapstadt ist rasch geschildert, es sei denn, man legt auf der Höhe von Piketberg einen Abstecher in den West Coast National Park ein, der sich um die Langebaan-Lagune legt. Die Gegend gilt als ein Paradies für Seevögel, darüber hinaus kommen Brillenpinguine vor.

Piketberg macht einen gepflegten Eindruck. In der Gegend züchtet man Schafe und Rinder. Seichte Höhenrücken voller Wiesen und Weiden erstrecken sich südwärts nach Malmesbury, schmucke Villen säumen die Straße, Siedlungen mit kleinen Häuschen, Gehöfte, vereinzelte Waldinseln. Endlich sieht man ihn in der Ferne, fast unwirklich, wie er das Flachland beherrscht und das Meer: den Tafelberg über Kapstadt.

GLOSSAR

African National Congress – 1912 zunächst unter anderem Namen gegründete Partei, die während des Apartheidregimes 1960 verboten und im Zuge des Aufbruchs 1990 wieder zugelassen wurde; die Abkürzung lautet ANC

Afrikaans – eigenständige Sprache, die sich im 17./18. Jahrhundert in Südafrika aus dem Niederländischen entwickelte und im Laufe der Zeit Einflüsse und Entlehnungen aus diversen Sprachen aufnahm

Apartheid – südafrikanische Politik der Rassentrennung 1948 bis 1991 bzw. bis zu den ersten freien Wahlen 1994

Bakkie – Gelände-/Pritschenwagen

Biltong – getrocknetes Fleisch, beliebt ist die Variante des Straußenfleisches

Buren – Nachfahren der ab Mitte des 17. Jahrhunderts vornehmlich aus den Niederlanden (vermindert aus Deutschland) nach Südafrika eingewanderten Siedler; ihre heutigen Nachfahren bevorzugen den Begriff »Afrikaaner«

Fynbos – auch »Kap-Macchie« genannt, eine artenreiche Pflanzengesellschaft, typisch für den Südwesten

Game Drive – Pirschfahrt, Safari

Game Ranger – Wildhüter, Ranger in einem Wildreservat

Game Reserve – Wildreservat

Homelands – während der Apartheid eingerichte Großterritorien/Stammesgebiete der Schwarzen, vergleichbar mit Reservaten

Hottentotten – verächtlicher Name für die Khoi Khoi

Khoi Khoi – indigene Volksgruppe im südlichen Afrika; abweichende Schreibweisen: Koi Koi und Khoi-Khoi

Kaffer – rassistische Bezeichnung der Weißen für die Xhosa, später allgemeiner für die Mitglieder afrikanischer Völker bzw. Schwarze verwendet

Kloof – Schlucht, Klamm

Kraal – traditionelle kreisförmige Siedlung, bei den Zulu z. B. umschlossen von zwei Palisadenringen; auch Kral geschrieben

San – ureigener Name der indigenen Volksgruppe der »Buschmänner«

Sangoma – traditioneller Heiler, Schamane

Townships – zu Zeiten der Apartheid als Wohnsiedlungen für Nicht-Weiße eingerichtet, heute eher allgemeines Synonym für Slums

Umkhonto we Sizwe – »Speer der Nation«, zu Zeiten der Apartheid 1961 als militärischer, gewaltsamer Arm des ANC gegründet, um zuvorderst Sabotageakte gegen das Regime und seine Einrichtungen vorzunehmen

Veld – ursprünglicher Begriff für das Grasland im Hochland, heute allgemeiner für waldlose (Wildnis-)Gegenden

Voortrekker – burische Pioniere, die in den 1830er Jahren nach der britischen Annexion der Kapkolonie in den Norden zogen

Xhosa – Volk in Südafrika

Zulu – Volk in Südafrika

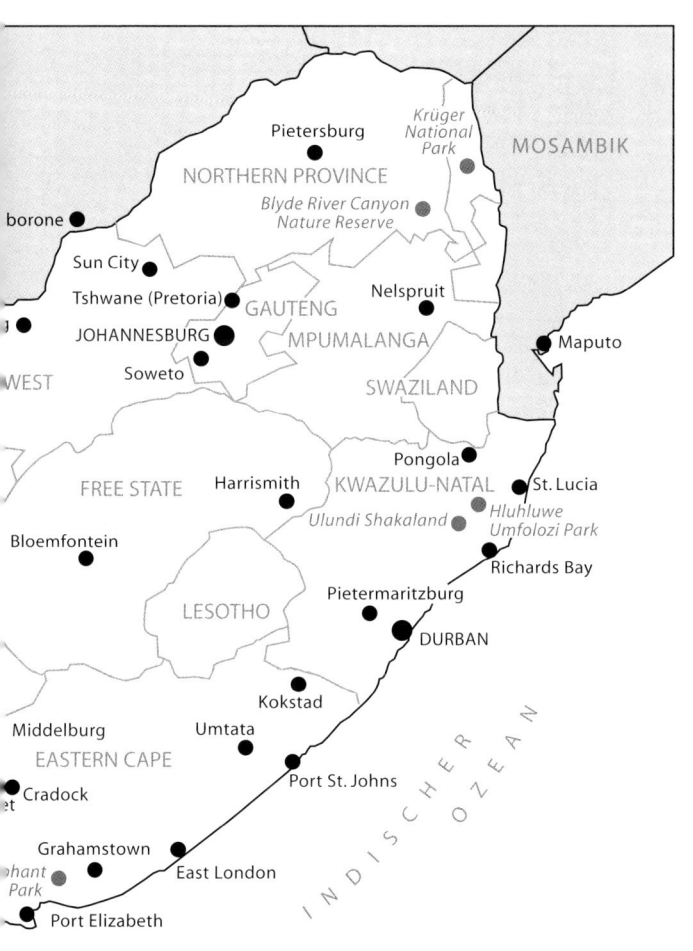

SERVICETEIL

ALLGEMEIN

Der Serviceteil folgt der Reihenfolge der Regionalkapitel in diesem
  Buch.
Informationssstelle für den deutschsprachigen Raum:
South African Tourism/Südafrikanisches Fremdenverkehrsamt
Friedensstr. 6-10
60311 Frankfurt am Main
Kostenfreie Servicenummer für die Bestellung von Broschüren: Tel.
  0800 118 9 118

Hilfreiche Internetseiten:
www.afrikaroman.de – Autoren mit Kurzbiographien und Präsen-
  tationen ausgewählter Werke; Südafrikas maßgeblichste Autoren
  sind vertreten
www.dein-suedafrika.de – Treffpunkt der Südafrika-Community, aktuelle Reisestorys, Videos, Bilder, Guide für Gourmet- und Lifestyle-
  themen
www.geschichte-suedafrika.de – Südafrikas Geschichte und Kulturen
www.literarytourism.co.za – Autoren und Schauplätze zu Südafrikas Literatur; auf englisch
www.sa-venues.com – touristische Zielgebiete und Orte, der Schwer-
  punkt liegt auf Unterkünften; übersetzte Seite auf deutsch
www.sanparks.org – Südafrikas Nationalparks in einer hervorragenden Übersicht mit vielen hilfreichen Informationen (Öffnungszeiten der Parks, Hinweise zu Anfahrt, Eintrittspreisen, Flora und
  Fauna, Übernachtungsmöglichkeiten und Reservierung in Lodges,
  Camps und anderen Unterkünften); auf englisch
www.southafrica.net – offizielle Webseite des Südafrikanischen Fremdenverkehrsamtes (auch auf Deutsch, Newsletter-Abonnement möglich)
www.suedafrika.org – Homepage der südafrikanischen Botschaft

KAPSTADT UND UMGEBUNG

Informationen

www.kapstadt.de/echo/ – das deutschsprachige Monatsmagazin aus
  Kapstadt
http://kapstadtguide.de – viele praktische Hinweise zu Kapstadt und
  Umgebung; auf deutsch
www.cape-town.org – offizielle Homepage der Stadt
www.kapstadt.de – deutschsprachige Seite u.a. mit Besucher-High-
  lights und Unterkünften

Sehenswürdigkeiten

Boulders Beach/Pinguinkolonie. April bis September täglich 8-17 Uhr,
  Oktober/November täglich 8-18.30 Uhr, Dezember/Januar täglich
  7-19.30 Uhr, Februar/März täglich 8-18.30 Uhr
Cableway/Seilbahn auf den Tafelberg. Häufig wechselnde Fahrzeiten
  je nach Saison, beginnend um 8/8.30 Uhr, letzte Abfahrten vom
  Tafelberg hinunter z.B. Mai-September um 18 Uhr, Mitte Dezember
  bis Mitte Januar erst um 22 Uhr. Frequenz: im Schnitt alle 10-15 Minuten. Eine aktuelle Aufstellung der Fahrzeiten und weitere Informationen unter http://tablemountain.net
Cape of Good Hope. Zugangszeiten ins Schutzgebiet April bis September täglich 7-17 Uhr, Oktober bis März täglich 6-18 Uhr. Informationen im ganztägig durchgehend geöffneten Besucherzentrum
  (Buffelsfontein Visitor Centre) und im Internet unter www.cape
  point.co.za. »Flying Dutchman Funicular«, die Zahnradbahn zum
  alten Leuchtturm auf dem Cape Point, ist im Regelfall täglich von
  9-17 Uhr (Oktober bis März: 9-18 Uhr) in Betrieb
Castle of Good Hope. Buitenkant Street. Täglich 9.30-16 Uhr
Chapman's Peak Drive. Aktuelle Gebührenübersicht und weitere nütz-
  liche Informationen unter www.chapmanspeakdrive.co.za
Groot Constantia (Weingut, Weinmuseum, Weinproben). Constantia.
  Täglich 10-17 Uhr, www.grootconstantia.co.za
Kirstenbosch National Botanical Garden. Rhodes Drive, Newlands. Sep-
  tember bis März täglich 8-19 Uhr, sonst 8-18 Uhr, www.sanbi.org

Robben Island. Mehrmals täglich starten die etwa dreieinhalbstündigen Ausflüge vom Nelson Mandela Gateway an der Victoria & Albert Waterfront. Der Pauschalpreis schließt die Bootsfahrt, den geführten Rundgang, den Austausch mit einem ehemaligen politischen Häftling und eine Busrundfahrt auf der Insel ein. Unter www.robben-island.org.za sind Online-Reservierungen möglich.

Slave Lodge. Ecke Adderley Street/Wale Street. Mo-Sa 10-17 Uhr, www.iziko.org.za

South African Museum. 25 Queen Victoria Street, Company's Gardens. Täglich 10-17 Uhr. Mit Planetarium, www.iziko.org.za

South African National Art Gallery. Government Avenue, Company's Gardens. Di-So 10-17 Uhr, www.iziko.org.za

DIE WEINREGION

Informationen

http://winecountry.co.za – Weinland um Paarl
www.franschhoek.org.za – Franschhoek
www.tulbaghtourism.org.za – Tulbagh
www.wineroute.co.za – alles Wesentliche über die Stellenbosch-Weinrouten

Sehenswürdigkeiten

Afrikaans Language Monument. Paarl Mountain, bei Paarl. Oktober bis April täglich 8-20 Uhr, sonst 8-17 Uhr

Afrikaans Language Museum. Paarl, Pastorie Avenue 11. Mo-Fr 9-16 Uhr, www.taalmuseum.co.za

Oude Kerk Volksmuseum. Tulbagh, Church Street. Mo-Fr 9-17, Sa 10-16, So 11-16 Uhr

Village Museum. Stellenbosch, Reyneveld Street. Mo-Sa 9.30-17, So 14-17 Uhr

DIE GARTENROUTE UND DER WEITE SÜDEN –
VON KAPSTADT NACH DURBAN

Informationen

www.addoelephantpark.de – Addo Elephant Nationalpark (auf deutsch)

www.durban.kzn.org.za – Durban und weitere Destinationen in der Provinz KwaZulu Natal

www.gardenroute.de – die Gartenroute (auf deutsch)

www.hermanus.co.za – Hermanus (mit guten Tipps zu Unterkünften)

www.onlinesources.co.za/chootjoe/ – Fahrten im historischen Dampfzug »Outeniqua Choo Tjoe« zwischen George und Knysna

www.oudtshoorn.info – Oudtshoorn

www.overberg.co.za – Region Overberg

www.plettenbergbay.co.za – Plettenberg Bay

www.portelizabeth.co.za (und auch: www.iloveportelizabeth.com) – Port Elizabeth

www.swellendamtourism.co.za – Swellendam

www.tourismgeorge.co.za – George

www.tourismknysna.co.za – Knysna

www.visitmosselbay.co.za – Mossel Bay

www.wildcoast.co.za – Wild Coast

Sehenswürdigkeiten

Addo Elephant Nationalpark. Täglich 7-19 Uhr

Cango Caves. Jeden Tag stündlich Führungen 9-16 Uhr, www.cango-caves.co.za

C. P. Nel Museum. Oudtshoorn. Mo-Fr 8-17, Sa und So 9-17 Uhr, www.cpnelmuseum.co.za

Cultural and Documentation Centre. Durban, Derby Street. Mo-Fr 7.30-16 Uhr

Dias Museum Complex. Mossel Bay. Mo-Fr 9-16.45, Sa und So 9-15.45 Uhr, www.diasmuseum.co.za

Monkeyland. Nahe Plettenberg Bay, Abzweig an der N2 Richtung The Crags. Täglich 8-17 Uhr, www.monkeyland.co.za

Nelson Mandela Museum. Umtata, Bunga Building. Mo-Fr 9-16, Sa
9-12.30 Uhr, www.nelsonmandelamuseum.org.za

VON DURBAN DURCH DEN WEITEN OSTEN UND NORDOSTEN BIS ZUM KRÜGER-NATIONALPARK

Informationen

www.dolphincoast.kzn.org.za – Dolphin Coast
www.drakensberg-tourism.com – Drakensberge
www.isimangaliso.com – iSimangaliso Wetland Park
www.kwazulu-natal.co.za – Provinz KwaZulu Natal
www.pilgrimsrest.org.za – Pilgrim's Rest
www.pmbtourism.co.za – Pietermaritzburg
www.umhlanga-rocks.com – Umhlanga Rocks

Sehenswürdigkeiten

Hluhluwe Umfolozi Park. Der Hauptzugang (Memorial Gate) ist vom
Ort Hluhluwe her erreichbar. Öffnungszeiten des Tors: März bis
Oktober täglich 6-18, sonst 5-19 Uhr, www.kznwildlife.com
Krüger-Nationalpark. Die Zugänge lauten von Süd nach Nord: Croco-
dile Bridge Gate und Malelane Gate (nächste Zufahrt ab Nelspruit),
Numbi Gate, Phabeni Gate und Kruger Gate (nächste Zufahrt ab
Hazyview), Orpen Gate (nächste Zufahrt ab Klaserie), Phalaborwa
Gate (nächste Zufahrt ab Phalaborwa), Ounda Maria Gate (nächste
Zufahrt ab Thohoyandou) und Pafuri Gate (nächste Zufahrt ab
Tshipise). Alle Gates öffnen täglich um 5.30 bzw. 6 Uhr und schlie-
ßen zwischen 17.30 und 18.30 Uhr. Informationen zu Unterkünf-
ten und Reservierungen online unter www.sanparks.org/parks/kru
ger/
Lowveld National Botanical Garden. Bei Nelspruit. Im Südsommer
tgl. 8-18, sonst 8-17 Uhr
Sudwala Caves. Ca. 30 Kilometer westlich von Nelspruit. Touren tgl.
8.30-16.30 Uhr, www.sudwalacaves.co.za
Voortrekker Museum. Pietermaritzburg, Longmarket Street. Mo-Fr
9-16, Sa 9-13 Uhr, www.voortrekkermuseum.co.za

VON JOHANNESBURG DURCH DEN WEITEN NORDWESTEN
UND WESTEN BIS KAPSTADT

Informationen

www.bloemfontein.co.za – Bloemfontein
www.clanwilliam.info – Clanwilliam
www.gauteng.net – Tourismus in der Provinz Gauteng
www.joburg.org.za – Johannesburg
www.kimberley.co.za – Kimberley
www.namaqualand.com – Namaqualand
www.northerncape.org.za – Tourismus in der Provinz Northern Cape
www.sun-city-south-africa.com – Sun City
www.tourismnorthwest.co.za – Tourismus in der Provinz Nordwest
www.tshwane.gov.za – Tshwane (vormals Pretoria)
www.upington.co.za – Upington

Sehenswürdigkeiten

Apartheid Museum. Johannesburg, Northern Parkway & Gold Reef
   Road, Ormonde. Di-So 10-17 Uhr, www.apartheidmuseum.org
Augrabies Falls Nationalpark. Täglich 7-18.30 Uhr
Constitution Hill Museum. Johannesburg, Corner Cotze and Hospi-
   tal Streets, Braamfontein. Führungen Mo-Fr 9-17, Sa 10-15 Uhr,
   www.constitutionhill.org.za
Gold Reef City. 6 km südlich von Johannesburg. Täglich 9.30-17 Uhr,
   www.goldreefcity.co.za
Hector Pieterson Museum. Johannesburg, Khumalo Street 8288, Or-
   lando West, Soweto. Mo-Sa 10-17, So 10-16 Uhr
Johannesburg Art Gallery. Johannesburg, Klein Street, Joubert Park.
   Di-So 10-17 Uhr
Kimberley Mine Museum. Kimberley. Täglich 8-18 Uhr, www.thebig
   hole.co.za
Mafikeng Game Reserve. September bis April täglich 7.30-19, sonst
   7.30-18 Uhr
Mandela Museum. Johannesburg, Ngakane Street 8115, Orlando
   West, Soweto. Täglich 9.30-17 Uhr

Melrose House. Tshwane, Jacob Maré Street 275. Di-So 10-17 Uhr

Museum Africa. Johannesburg, Bree Street 121, Newtown. Di-So 9-17 Uhr

National Museum. Bloemfontein/Maungang, Aliwal Street 36. Mo-Fr 8-17, Sa 10-17, So 12-17.30 Uhr, www.nasmus.co.za

Pilanesberg Game Reserve. Zufahrt im Süden nahe Sun City durch das Bakubung Gate und das Kwa Maritane Gate, im Osten ab Mogwase durch das Manyane Gate und im Nordbereich bei Saulspoort durch das Bakgatla Gate. Die täglichen Gate-Zeiten variieren je nach Jahreszeit: November bis Februar 5.30-19, März, April, September und Oktober 6-18.30, Mai bis September 6.30-18 Uhr, http://pilanesberggamereserve.com

Pretoria Art Museum. Tshwane, Schoeman and Wessels Street, Arcadia Park. Di-So 10-17 Uhr, www.pretoriaartmuseum.co.za

South African Breweries/World of Beer. Johannesburg, Newton. Führungen Di-Sa 10-18 Uhr

Walter Sisulu National Botanical Gardens. Johannesburg, End of Malcolm Road, Poortview, Roodepoort. Täglich 8-18 Uhr, www.sanbi.org

QUELLENVERZEICHNIS UND
WEITERFÜHRENDE LITERATUR

Ahrens, Renate: Zeit der Wahrheit: Ein Südafrika-Roman. Piper, München, 2008

Blettenberg, D. B.: Land der guten Hoffnung. Pendragon, Bielefeld, 2006. © D. B. Blettenberg

Bosman Herman Charles: Mafeking Road and Other Stories. Archipelago Books, Brooklyn, New York, 2008

Breytenbach, Breyten: Die Erinnerung von Vögeln in Zeiten der Revolution. Suhrkamp, Frankfurt am Main, 2003

Breytenbach, Breyten: Mischlingsherz. Eine Rückkehr nach Afrika. Hanser, München, 1999

Breytenbach, Breyten: Rückkehr ins Paradies. Ein afrikanisches Journal. Suhrkamp, Frankfurt am Main, 1995

Brink, André: Kupidos Chronik. Osburg, Berlin, 2009

Brink, André: Weiße Zeit der Dürre. Goldmann, München, 1988

Brown, Andrew: Schlaf ein, mein Kind. Verlag btb, München, 2009

Carlin, John: Der Sieg des Nelson Mandela. Wie aus Feinden Freunde wurden. Herder, Freiburg, 2008

Coetzee, J. M.: Eiserne Zeit. Aus dem Englischen von Wulf Teichmann. © S. Fischer Verlag GmbH, Frankfurt am Main, 1995

Coetzee, J. M.: Der Junge. Eine afrikanische Kindheit. S. Fischer, Frankfurt am Main, 5. Auflage 2003

Coetzee, J. M.: Schande. S. Fischer, Frankfurt am Main, 6. Auflage 2007

Courtney-Clarke, Margaret: Ndbele. Die Kunst der Frauen Südafrikas. Frederking & Thaler, München, 1995

Drouve, Andreas: Reiselesebuch Südafrika. Ellert & Richter, Hamburg, 2009

Drouve, Andreas (Text)/Emmler, Clemens (Fotos): Südafrika. Stürtz, Würzburg, 3. Auflage 2008

Eberling, Matthias: Mahatma Gandhi. Suhrkamp BasisBiographie. Suhrkamp, Frankfurt am Main, 2006

Ellmer, Jutta: Kontroversen. Das neue Südafrika. Novum, Neckenmarkt, 2008

Foden, Giles: Die letzte Stadt von Afrika. Aufbau, Berlin, 2006

Galgut, Damon: Der Betrüger. Manhattan, München, 2009

Galgut, Damon: Der gute Doktor. Goldmann, München, 2006

Galgut, Damon: Das Sündenopfer. Goldmann, München, 2007

Gandhi, Mahatma: Mein Leben. Suhrkamp, Frankfurt am Main, 1983

Gercke, Stefanie: Ein Land, das Himmel heißt. Droemer/Knaur, München, 2003

Gercke, Stefanie: Ich kehre zurück nach Afrika. Droemer/Knaur, München, 1999

Gilpin, Tracy: Schatten der Lüge. Heyne, München, 2009

Gilpin, Tracy: Stunde der Buße. Heyne, München, 2009

Gordimer, Nadine: Der Besitzer. Fischer Taschenbuch Verlag, Frankfurt am Main, 1991. © 2009 Berliner Taschenbuch Verlag, BV Berlin Verlag, Berln

Gordimer, Nadine: Niemand der mit mir geht. Suhrkamp, Frankfurt am Main, 1997

Gordimer, Nadine: Schreiben und Sein. Essays. Suhrkamp, Frankfurt am Main, 1998

Graf, Edi: Elefantengold. © Gmeiner-Verlag, Meßkirch, 2006

Hagelstange, Rudolf: Reisewetter. Deutscher Taschenbuch Verlag, München, 1977

Head, Bessie: Orangen und Zitronen. Geschichten von Zärtlichkeit und Macht. Lamuv, Göttingen, 1999

Head, Bessie: Sternenwende. Lamuv, Göttingen, 1997

Hinshaw, Robert (Hg.): The Rock Rabbit and the Rainbow, Laurens van der Post among Friends. Daimon Verlag, Einsiedeln, 1998

Holub, Emil: Sieben Jahre in Südafrika 1872-1879. Herausgegeben von Heinrich Pleticha. Edition Erdmann, Lenningen, 2003

Hope, Daniel: Familienstücke: Eine Spurensuche. Rowohlt, Reinbek, 2008

Jeska, Andrea: Als der Inkosi tanzen lernte. Eine aberwitzige Suche nach der afrikanischen Seele. Brendow, Moers, 2007

Joubert, Elsa: Regenbogenland. Eine Familiensaga aus Südafrika. Knaur, München, 2007

Kapff, Uli von: Zulu – Volk des Himmels. Holiday Africa Publications, Kapstadt, 2. neubearbeitete Auflage 1998

Krüger, Kobie: Ich trage Afrika im Herzen. © der dt. Fassung Droemersche Verlagsanstalt Th. Knaur Nachf. GmbH & Co KG, München, 2001

Ley, Katharina und Karrer, Cristina: Über-Lebenskünstlerinnen. Frauen im neuen Südafrika. Ef-ef Verlag, Bern/Wettingen, 2004

Mabuza, Lindiwe: Africa to me. Gedichte englisch/deutsch. © Peter Hammer Verlag, Wuppertal, 1998

Mandela, Nelson: Der lange Weg zur Freiheit. Autobiographie. © 1994 Nelson Rolihlahla Mandela. Aus dem Englischen von Günter Panske. © S. Fischer Verlag GmbH, Frankfurt am Main, 1994

Mandela, Nelson (Hg.): Meine afrikanischen Lieblingsmärchen. © Verlag C. H. Beck, München, 2007

Mankell, Henning: Die weiße Löwin. Aus dem Schwedischen von Erich Gloßmann. © Paul Zsolnay Verlag, Wien, 2002

Mda, Zakes: Die Madonna von Excelsior. Unionsverlag Zürich, 2007

Mda, Zakes: Der Walrufer. Aus dem Englischen von Peter Torberg. © 2006 Unionsverlag, Zürich

Meyer, Deon: Der Atem des Jägers. Aus dem Englischen von Ulrich Hoffmann. © Aufbau Verlag GmbH & Co KG, Berlin, 2007

Meyer, Deon: Das Herz des Jägers. Aufbau Verlag, Berlin, 2. Auflage 2008

Meyer, Deon: Tod vor Morgengrauen. Aufbau Verlag, Berlin, 4. Auflage 2008

Meyer, Deon: Weißer Schatten. Aus dem Englischen von Ulrich Hoffmann. © Aufbau Verlag GmbH & Co KG, Berlin, 2008

Mhlophe, Gcina: Love Child. Die Geschichtenerzählerin aus Südafrika. Herausgegeben und mit einem Nachwort versehen von Susanne Koehler. © Peter Hammer Verlag, Wuppertal, 1996

Mogale, Tshepo: Soweto Hi-Fi. In: Loimeier, Manfred (Hg.): Yizo Yizo. Stories aus einem neuen Südafrika. © Peter Hammer Verlag, Wuppertal, 2005

Mythen und Märchen der Buschmann-Völker. Aus den Sammlungen von Wilhelm Heinrich Immanuel Bleek und Lucy Catherine Lloyd. © Daimon Verlag, Einsiedeln, 2002. Dies ist eine Faksimile-Ausgabe des 1938 erschienenen Buches: Das wahre Gesicht des Buschmannes in seinen Mythen und Märchen, niedergeschrieben nach Original-Buschmannerzählungen. Die Sammlung ihrerseits wurde von Bleek und Lloyd zwischen 1870 und 1884 zusammengestellt.

Naidoo, Indres: Robben Island – Insel in Ketten. Lamuv, Göttingen, 2003

Nooteboom, Cees: In der langsamsten Uhr der Welt. Reisen in Afrika. Suhrkamp, Frankfurt am Main, 2008

Nunn, Malla: Ein schöner Ort zu sterben. Rütten & Loening, Berlin, 2009

Orford, Margie: Blutrose. Blanvalet, München 2009

Orford, Margie: Blutsbräute. Blanvalet, München 2008

Pabst, Martin: Südafrika. © Verlag C. H. Beck, München, 2008

Pigafetta, Antonio: Mit Magellan um die Erde. Ein Augenzeugenbericht der ersten Weltumseglung 1519-1522. Herausgegeben von Robert Grün. Edition Erdmann im K. Thienemanns Verlag, Stuttgart/Wien, 2001

Post, Laurens van der: Flamingofeder. Diogenes, Zürich, 3. Auflage 2006

Post, Laurens van der: Das Herz des kleinen Jägers. Diogenes, Zürich, 4. Auflage 2006

Post, Laurens van der: Die verlorene Welt der Kalahari. Diogenes, Zürich, 5. Auflage 2006

Ridpath, Michael: Jagd. Hoffmann und Campe, Hamburg, 2007

Rose-Innes, Henrietta: Dream Homes. Schnappschüsse und Kurzgeschichten aus Kapstadt. Merz & Solitude, Reihe Literatur, Stuttgart, 2008

Runge, Erika: Südafrika 1974. In: Lützeler, Paul Michael (Hg.): Der postkoloniale Blick. Deutsche Schriftsteller berichten aus der Dritten Welt. Suhrkamp Verlag, Frankfurt am Main, 1997

Schröder, Rainer M.: Im Rausch der Diamanten. Arena, Würzburg, 2007

Schröder, Rainer M.: Jäger des weißen Goldes. Arena, Würzburg, 2007

Sharpe, Tom: Tohuwabohu. Wilhelm Goldmann Verlag, München, 2007

Smith, Gary und Maragalit, Avishai (Hg.): Amnestie oder Die Politik der Erinnerung in der Demokratie. Suhrkamp, Frankfurt am Main, 1997

Smith, Roger: Kap der Finsternis. Aus dem Amerikanischen von Jürgen Burger und Peter Torberg. © 2009 Roger Smith. By arrangement with Liepman AG, Zürich. Tropen, Stuttgart, 2009

Spinner, Sebastian: Schlimmer als H5N1! HIV/AIDS und andere Bürden des neuen Südafrika. Iatros, Dienheim, 2007

Tabbert, Claudia: Aber mein Herz bleibt in Afrika. Meine Zeit bei den Kindern von Pretoria. Droemersche Verlagsanstalt Th. Knaur Nachf. GmbH & Co KG, München, 2007. Abdruck mit freundlicher Genehmigung von Claudia Tabbert

Trapido, Barbara: Karierter Affe. Bloomsbury, Berlin, 2005

Trauernicht, Johannes: Leben unter dem Kreuz des Südens. Aufrüttelnde Erfahrungen im südlichen Afrika. 2006 Brunnen Verlag, Gießen

Tutu, Desmond: Versöhnung. Sei wahr und werde frei. Herausgegeben von Angela Krumpen. © Verlag Herder GmbH, Freiburg im Breisgau, 2008

Vasco da Gama. Der Weg nach Ostindien. Die Entdeckung des Seewegs nach Indien. Ein Augenzeugenbericht 1497-1499. Herausgegeben von Gernot Giertz. Edition Erdmann im K. Thienemanns Verlag, Stuttgart/Wien/Bern, 1990

Vladislavić, Ivan: Johannesburg. Insel aus Zufall. © A1 Verlag, München, 2008

Weiss, Ruth (Hg.): Frauen gegen Apartheid. Zur Geschichte des politischen Widerstands von Frauen. Rowohlt, Reinbek, 1986

Weiss, Ruth: Nacht des Verrats. © Horlemann Verlag, Bad Honnef, 2000

Wendt-Riedel, Konstanze (Hg.): Die Geburt der Schlange. Märchen aus Südafrika. Aus dem Englischen von Gunter Riedel. Gustav Kiepenheuer Verlag, Leipzig und Weimar, 1989. © Aufbau Verlag GmbH & Co KG, Berlin, 1989

Werner, Edith: Vom Kap bis Kenia: Reisen im südlichen und östlichen Afrika. Wiesenburg, Schweinfurt, 2009

Wicomb, Zoë: In Kapstadt kannst du nicht verlorengehen. Erzählungen. Lamuv, Göttingen, 1997

Williams, Michael: Crocodile burning. © Peter Hammer Verlag, Wuppertal, 2002

Wyck, Chris van: Zauberei. In: Loimeier, Manfred (Hg.): Yizo Yizo. Stories aus einem neuen Südafrika. © Peter Hammer Verlag, Wuppertal, 2005

Wolpe, AnnMarie: Leben in Südafrika. Autobiographie. Lamuv, Göttingen, 1998

DANKSAGUNG

Ein besonderer Dank des Autors geht an die Pressevertretung des Südafrikanischen Fremdenverkehrsamtes, namentlich Silvia Braun, Kathrin Lex und Isabell Kendzia.

Literarische Reisebegleiter
im insel taschenbuch
Eine Auswahl

Mit Proust durch Paris. Von Rainer Moritz. Mit zahlreichen Fotografien. it 2992. 160 Seiten.

Potsdam. Literarische Spaziergänge. Von Jochen R. Klicker. Mit farbigen Fotografien. it 2926. 416 Seiten

Mit Marie Luise Kaschnitz durch Rom. Herausgegeben von Iris Schnebel-Kaschnitz und Michael Marschall von Bieberstein. Mit Fotografien von Mario Clementi. it 2607. 196 Seiten

St. Petersburg. Literarische Spaziergänge. Von Ingrid Schalthöfer. Mit farbigen Fotografien. it 2833. 240 Seiten

Trier. Deutschlands älteste Stadt. Reisebuch. Herausgegeben von Michael Schroeder. Mit Fotografien von Konstantin Schroeder. it 1574. 260 Seiten

Tübingen. Ein literarischer Spaziergang. Herausgegeben von Gert Ueding. Mit zahlreichen Abbildungen. it 1246. 384 Seiten

Venedig. Ein Reisebegleiter. Herausgegeben von Doris und Arnold E. Maurer. Mit zahlreichen Fotografien. it 3110. 190 Seiten

Weimar. Ein Reisebegleiter. Von Annette Seemann. Mit farbigen Fotografien. it 3066. 300 Seiten

Wiener Adressen. Ein kulturhistorischer Wegweiser mit Straßenplänen und Fotos von Dietmar Grieser. it 1203. 217 Seiten

NF 31/1/10.07

Das Wiener Kaffeehaus. Mit zahlreichen Abbildungen und Hinweisen auf Wiener Kaffeehäuser. Herausgegeben von Kurt-Jürgen Heering. it 1318. 318 Seiten

Landschaften • Länder • Kontinente

Kalifornien. Ein Reiselesebuch. Herausgegeben von Herbert Genzmer. Mit farbigen Fotografien von Till Bartels. it 2636. 282 Seiten

Indien. Ein Reisebegleiter. Von Martin Kämpchen. it 2996. 272 Seiten

Tibet. Erfahrungen auf dem Dach der Welt. Von Wilhelm Klingenberg. Mit zahlreichen Fotografien. it 1860. 198 Seiten

Die schönsten Schlösser und Burgen Deutschlands. Ein literarischer Reisebegleiter. Herausgegeben von Joachim Schultz. Mit farbigen Fotografien von Horst und Daniel Zielske. it 2717. 256 Seiten

Sylt. Literarische Reisewege. Herausgegeben von Winfried Hörning. Mit zahlreichen Fotografien. it 2522. 260 Seiten

Hans-Günter Semsek. Englische Dichter und ihre Häuser. Mit farbigen Fotografien von Horst und Daniel Zielske. it 2553. 255 Seiten

Von Pub zu Pub. Eine literarische Kneipentour durch London und Südengland. Von Johann-Günther König. Mit farbigen Fotografien. it 2888. 272 Seiten

Französische Dichter und ihre Häuser. Von Ralf Nestmeyer. Mit farbigen Fotografien. it 3093. 250 Seiten